O Poder da Aprendizagem

Klas Mellander

O Poder da Aprendizagem

Para pessoas que desejam obter mais aprendizado com menos ensino

EDITORA CULTRIX
SÃO PAULO

Título do original:
Länge leve lärandet

As consultas devem ser endereçadas a
LMI, Hildesborgs gård, S-230 42 Tygelsjö

Programação visual:
Lennart Frantzén

Tradução:
Outras Palavras
Consultoria Lingüística

Edição	Ano
1-2-3-4-5-6-7-8-9	95-96-97-98-99

Direitos de tradução para a língua portuguesa
adquiridos com exclusividade pela
EDITORA CULTRIX LTDA.
Rua Dr. Mário Vicente, 374 — 04270-000 — São Paulo, SP — Fone: 272-1399
que se reserva a propriedade literária desta tradução.

Impresso em nossas oficinas gráficas.

Agradecimentos

Agradeço a minha irmã mais velha, Eva, que me ensinou desde cedo a importância da imaginação e da curiosidade.

Agradeço a Hans Hofvenberg (professor universitário), meu primeiro professor com pê maiúsculo, que me inspirou a escolher o magistério quando eu tinha apenas dezoito anos.

Agradeço a Åke Grahm (mestre em administração), meu mentor durante todos esses anos.

Agradeço a Eric Giertz (doutor em engenharia), que me ajudou bem cedo a ver as condições em uma situação de negócio e a entender como os conceitos vigentes de desenvolvimento e mudança empresarial influenciam os papéis profissionais e as necessidades de conhecimento.

Agradeço a Krister Nathanaelson (diretor de TV e cinema) que, com sua percepção da arte da narração, ensinou-me tanto sobre os diferentes meios de comunicação e os princípios da arte dramática.

Agradeço a Michael Pieschewski, que me ajudou tantas vezes a entender minhas próprias idéias.

Agradeço a Ulf e a Cecilia por todo o apoio.

Agradeço a minha melhor amiga, Margareta Barchan, que, sábia, crítica e constantemente, me inspirou a viver como ensino.

E agradeço a nossa filha, Linnéa, cujo *début* nesse mundo interessante estimulou-me a escrever este livro.

E, por último, agradeço a todos cujos esforços ilimitados ajudaram-me a tornar este livro realidade: Ella Lindsjö, Lennart Frantzén e Ulf Hedetoft.

KLAS MELLANDER É AUTOR OU CO-AUTOR DOS SEGUINTES PRODUTOS E PUBLICAÇÕES:

"Disco" (máquina de ensino), com Hans Hofvenberg, 1962
"Basic course in production methods" (apostila de curso), 1967
"Material and production control" (apostila de curso), 1968
"The psychology of supervision" (apostila de curso), 1968
"Technology for high school students" (apostila de curso), 1968
"Financial control" (apostila de curso), 1969
"Job studies in production" (livro), 1970
"Applied rationalization" (apostila de curso), 1970
"A manual for teachers" (livro), com Åke Grahm, 1971
"Production planning" (livro), 1971
"Get it together!" (apostila de curso para supervisores de produção), 1974
"The ABCs of company finance" (apostila de curso), 1976
"Get your office together!" (apostila de curso para pessoal administrativo), 1977
"Detail planning" (modelo de simulação e curso), 1977
"Industrial production" (apostila de curso), com Eric Giertz, 1978
"Decision Base" (modelo de simulação e curso), 1979
"Will Choice Reality" (programa de treinamento), para Lars Wiberg, 1979
"Use Your Head" (programa de treinamento), para Tony Buzan, 1982
"The construction process" (livro), com L. Sundsvik e J. Höjer, 1983
"Project control — a manual for building contractors" (livro), com Leif Sundsvik et al., 1983
"Homo Sapiens" (filme), com M. Pieschewski e K. Nathanaelson, para a SAS, 1985
"Basic course in production finance" (apostila de curso), com Eric Giertz, 1986
"Management in times of change" (apostila de curso), 1988
"Sesame — the art of learning" (apostila de curso), 1989
"What I learned from not learning" (filme), 1989
"Marketplace Livon" (modelo de simulação e curso), 1990
"Business decisions", com C. Ekman e M. Owens, 1991
"Business precision" (livreto), 1991
"R.O.C.E." (modelo de simulação e curso sobre produtividade de capital), 1991
"Apples & Oranges" (curso geral sobre finanças empresariais), 1991

Para Linnéa

Sumário

Fontes de inspiração

Nós aprendemos muito ao observar como são usados os princípios da educação em outros contextos.

Dicas

Um guia da arte de ser pedagógico — tanto como transmissor quanto como receptor.

O valor do conhecimento

***Exemplos de como podemos prever, controlar e avaliar o valor do treinamento e outras formas de desenvolvimento de* expertise.**

Bertil Torekull é mais do que um jornalista altamente respeitado e controverso; a maioria das pessoas o conhece como Sr. Tendência. Neste ensaio sobre aprendizado, ele nos dá uma idéia da sua capacidade infalível de ler os sinais dos tempos.

Aprender ou morrer

Bertil Torekull

Durante muitos anos, os povos da Europa Oriental foram treinados na arte de aprender a não aprender; ensinaram-lhes a ser impotentes. Agora, de uma hora para outra, eles têm de aprender a aprender, a resolver seus próprios problemas. Não podem mais aceitar cegamente as palavras sábias — ou estúpidas — apregoadas pelo Grande Irmão. E, durante a transição do não-aprendizado para o aprendizado, tudo pode acontecer — inclusive o total colapso das suas sociedades e a guerra. É por isso que, em todas as épocas, os tiranos têm medo da força do saber.

O caminho que leva ao saber pode ser perigoso, mas o saber em si nos oferece uma oportunidade de ouro. A ignorância, por outro lado, só nos levará à morte em massa.

Por que, então, eu detesto a erudição? Basta olhar uma sala de aula para que eu crie mecanismos de defesa próprios que me distanciam do saber. Portanto, devo ter aprendido tudo o que sei de alguma outra forma.

Ninguém pode aprender sob pressão. As pessoas aprendem apenas quando estão abertas ao inesperado, quando procuram dentro de si mesmas, quando lhes é permitido sonhar, quando são levadas por uma espécie de sede interior. As pessoas realmente aprendem quando estão ocupadas com alguma outra coisa: amando, trabalhando, amando seu trabalho, trabalhando na área que gostam. Então, por que existem as escolas? Como viviam as pessoas antes de as escolas serem inventadas?

A motivação para aprender não deve ser só dinheiro ou recompensas pavlovianas. O que aconteceu com a idéia de que o aprendizado deveria ser uma aventura, um desafio, prova de que somos civilizados?

O aprendizado pode ser uma nova forma de salvação? Pode ser a nossa única chance de combater a sensação de impotência que a educação tradicional impôs a muitos de nós.

Só através do aprendizado, da aquisição de novos conhecimentos verdadeiros e relevantes, é que seremos capazes de deixar um mundo melhor para as próximas gerações, que terão de reparar o dano ao meio ambiente causado pela nossa ignorância.

Aprender ou morrer — você decide.

Bertil Torekull

Como responsável por desenvolvimento de Grupos da Volvo, durante muitos anos Bo Ekman teve uma idéia nítida da trajetória do setor, cheia de altos e baixos. Atualmente, dirige o Swedish Institute for Opinion Research (Instituto Sueco de Pesquisa de Opinião), uma combativa organização de ajuda a empresas do mundo inteiro na implementação de programas de renovação estratégica e desenvolvimento de *expertise*.

Em um mundo de mudanças

Bo Ekman

O operário japonês padrão faz por ano de 30 a 40 sugestões sobre como aumentar a eficiência e melhorar a qualidade de seu trabalho. A média em uma montadora de Detroit, a Cidade dos Automóveis, é de uma sugestão a cada sete anos!

Após uma ampla campanha, a Volvo duplicou o número de sugestões que recebia — uma por operário a cada ano.

Estes números são um exemplo dramático da diferença quanto à capacidade e velocidade de aprendizado dessas pessoas, mesmo em nível estratégico. Os japoneses são capazes de introduzir novas tecnologias e reorganizar os processos de produção com maior rapidez.

Há anos, as empresas e instituições do Ocidente têm sido organizadas de modo a funcionar mais adequadamente em um ambiente empresarial estável do que em um ambiente em mudança. Atualmente, os problemas deste tipo de organização estão ficando cada vez mais patentes.

Estamos em meio a um doloroso processo de reavaliação das antigas idéias. Temos de questionar a lógica subjacente às nossas estruturas tradicionais e criar novas estruturas que nos permitam lidar com a turbulência causada pelas flutuações do mercado, avanços tecnológicos e condições sociais inconstantes decorrentes da motivação das pessoas para aprender novas formas de fazer as coisas, mudar hábitos e até mesmo valores, trabalhar com novas pessoas, interagir e aprender com os clientes.

Neste mundo de mudanças, só sobreviverão as pessoas e organizações que tenham aprendido a aprender de forma eficaz.

O poder da aprendizagem detém-se nesta necessidade e busca adotar princípios educativos acessíveis às pessoas que estão envolvidas seriamente nos processos de mudança.

Este livro demonstra um conhecimento profundo de como a educação pode resultar em uma melhor liderança e de como pode tornar muito mais eficaz o trabalho de implementação de mudanças.

Bo Ekman

Prefácio do autor

Este livro foi escrito tanto para aqueles que desejam melhorar sua capacidade de aprender, a fim de enriquecer suas próprias vidas, como para aqueles que desejam tornar-se mais hábeis na criação de condições com as quais outras pessoas possam aprender — ou seja, para gerentes, especialistas em treinamento, conferencistas, autores de artigos e memorandos, instrutores, líderes de projetos, autores de manuais, *videomakers* etc.

A idéia subjacente ao livro começou a tomar forma há mais de vinte anos. Åke Grahm e eu tínhamos acabado de lançar o livro *A manual for teachers* (Manual para professores) e achamos que não havia nada mais lógico do que escrever subseqüentemente um "manual de aprendizado". Mas foram necessárias duas décadas para que o livro finalmente viesse à luz.

Os anos 90 estão sendo chamados de "a década do indivíduo". Há um novo tipo de respeito pelo indivíduo e uma idéia (embrionária) de que as pessoas, não as instituições, são a mola-mestra da sociedade. E o respeito gera respeito próprio: atualmente, as pessoas desejam "participar, participar mesmo".

Ao mesmo tempo, a explosão de informações e o ritmo acelerado das mudanças ameaçam deter até os mais ambiciosos. Como disse John Naisbitt: "Estamos afundando em informações, mas sedentos de conhecimento."

Se não quisermos ser vítimas do conhecimento alheio, temos que tentar dominar nosso próprio saber.

Tudo isso tem levado as pessoas das empresas de quase todas as partes do mundo a se questionar se estão fazendo tudo o que podem para ajudar seus funcionários a crescer. As perguntas típicas são: "Será que eles estão obtendo a perspectiva necessária que os permita tomar as medidas apropriadas?" "Será que têm as informações necessárias para entender e acompanhar todas as idas e vindas resultantes das condições inconstantes?" "Será que estamos aproveitando e desenvolvendo seu *expertise*?"

Está surgindo uma nova visão da importância do aprendizado: "A capacidade coletiva de aprender de uma organização é um fator decisivo à sua sobrevivência", afirma Peter Senge em um livro recente. Michael Macoby descreve a nova visão fundamental da seguinte maneira: "Todas as pessoas precisam de significado nas suas vidas e estão prontas a se sacrificar bastante por uma organização que possa dar significado às suas vidas." Eis algumas das idéias enfatizadas por um número cada vez maior de empresas atualmente:

— As pessoas querem (e espera-se delas) maior responsabilidade pelo seu próprio desenvolvimento e pelo sucesso da sua organização. Isso as motiva a aprender.

— Os gerentes de todos os níveis são os principais responsáveis pelo desenvolvimento contínuo de *expertise* (seu e dos seus subordinados); portanto, devem saber o que se espera deles.

— Os especialistas em treinamento devem dedicar menos tempo à definição de programas de treinamento fixos para tarefas estabelecidas, concentrando-se mais em estratégias de desenvolvimento de *expertise* criadas para indivíduos e situações específicas.

Isso significa que um número cada vez maior de pessoas terá de começar a entender o verdadeiro significado do aprendizado. Elas precisam aprender a criar condições que promovam o aprendizado — delas e de outros — em situações concretas do dia-a-dia.

Espero que este livro ajude a mostrar o caminho.

Kärrshåla, Suécia, agosto de 1991
Klas Mellander

O propósito do ensino é possibilitar o aprendizado. A ilustração foi extraída do livro A manual for teachers, *Grahm-Mellander, 1971. Neste meio tempo, o aluno cresceu.*

1.

Aprendizado

A falta de compreensão sobre o que acontece quando aprendemos pode fazer com que tenhamos um comportamento deveras estranho quando, de repente, nos vemos em situação na qual somos ensinados, estudamos ou temos de ensinar outras pessoas.

Um mistério

Na verdade, o aprendizado só é difícil quando está relacionado a ensinar e estudar! Do contrário, as pessoas parecem aprender sem muito esforço. De que outra forma poderíamos ter assimilado a enorme quantidade de conhecimento que cada um de nós possui?

Certo dia, andava por uma rua movimentada quando vi uma senhora de uns setenta anos. Estava em pé, apoiada na bengala, esperando o ônibus. Os traços do seu rosto pareciam ter sido desenhados por um mestre; mostravam desilusão e tristeza, alegria e gosto pela vida — e a passagem do tempo. Ela olhava fixamente à frente, na verdade sem olhar nada, aparentemente sem nenhum interesse pelos arredores imediatos, com uma aura de paz e tranqüilidade em torno de seu corpo arqueado. De repente, a vi como um livro antigo, raro, com a capa de couro gasta, contendo uma quantidade incomensurável de conhecimento e sabedoria. Esta idéia deve ter surgido do pensamento de que cada ser humano guarda uma quantidade inimaginável de informações. O que ela não poderia nos contar sobre todas as pessoas que já conheceu e de que se lembra e reconheceria se visse novamente? Sobre suas experiências, emoções, amizades, épocas de solidão e os inúmeros acontecimentos importantes e comuns da sua vida? Sobre tudo que já leu, ouviu, viu, entendeu, discutiu, imaginou e pensou? E tudo isso é resultado de algo a que nos referimos friamente como aprendizado — o aprendizado de toda uma vida.

Podemos nos indagar que parte de seu conhecimento (não importa a forma de mensuração) é resultado direto da educação formal e que parte é simplesmente conseqüência do aprendizado espontâneo e inconsciente realizado dia após dia. Mesmo que ela fosse professora de física nuclear, a resposta ainda seria que uma parte extremamente pequena do seu conhecimento total é resultado direto da educação formal e estudo. O mesmo vale para todos nós.

O fato isolado de que uma parte incrivelmente pequena de todo o aprendizado é resultado da educação formal não nos causa surpresa. O mais surpreendente é a enorme quantidade de aprendizado que se dá espontaneamente, sem estarmos realmente conscientes e sem qualquer esforço especial de nossa parte.

Aparentemente, aprendemos o tempo todo — espontaneamente e sem fazer esforço — coisas que parecem praticamente impossíveis de se aprender numa sala de aula ou livro didático. Isso significa que aprendemos mais facilmente sem um professor do que quando somos ensinados? Por mais estranho que pareça, é isso o que realmente acontece. Por quê? Porque nossa ignorância nos induz a complicar as coisas para nós mesmos. Assim, diminuímos em vez de aumentar a nossa capacidade de aprender em um ambiente formal. Se conseguirmos ficar mais conscientes de como aprendemos espontaneamente, poderemos aumentar nossa capacidade de aprender conscientemente e de acordo com um plano em uma situação de aprendizado formal.

Você provavelmente já freqüentou reuniões, cursos, conferências e seminários nos quais ficou sentado, olhando com atenção para uma transparência ou quadro-negro, com a cabeça a quilômetros de distância. Provavelmente já fez a mesma coisa com um livro didático ou um manual sobre o último produto da sua empresa nas mãos. Incapaz de interessar-se pelo tópico que está sendo debatido, deixa o pensamento voar. A falta de compreensão sobre o que acontece quando aprendemos pode fazer com que tenhamos um comportamento deveras estranho quando, de repente, vemo-nos numa situação na qual somos ensinados, estudamos ou temos de ensinar outras pessoas. Há muitos anos, durante um treinamento para instrutores, pedi-lhes que preparassem uma lição sobre como armar uma ratoeira. Quando terminaram, convidamos alguns funcionários do hotel onde estávamos e pedimos que fizessem o papel dos alunos. Os resultados foram, no mínimo, interessantes. Os funcionários do hotel ficaram totalmente perdidos, o que não é de se espantar, em função das instruções que receberam. Eis alguns exemplos: *"Bem-vindo à lição sobre como armar uma ratoeira. No final desta lição, você será capaz de armar uma ratoeira de acordo com o método descrito, blá, blá, blá..." — "A ratoeira consiste nas seguintes partes: base, mola, dobradiça, blá, blá, blá..." — "Para armar a ratoeira, segure-a com o dedão e o indicador, blá, blá, blá..."* Etc. etc. Depois de algum tempo, decidi interromper essa "lição" absurda e perguntei aos instrutores o que eles achavam que estavam fazendo. *"Ora, estamos ensinando"*, responderam. Perguntei se era isso que fariam se quisessem mostrar a um dos seus filhos como armar uma ratoeira. *"É claro que não"*, responderam, *"mas isso é outra coisa. Aqui, deveríamos estar ensinando"*. Conversamos muito sobre isso e observamos que a forma como ensinamos muda completamente quando estamos numa sala de aula. Um dos participantes resumiu a questão da seguinte forma: *"É muito mais fácil adotar bons princípios educativos se você não tiver que ensinar"*.

Isso talvez seja verdade. Muitas vezes, as pessoas que aprenderam a trabalhar com, digamos, um computador Macintosh, por tentativa e erro, são totalmente incapazes de ensinar outras pessoas a fazer a mesma coisa. A "instrução" que tentam oferecer não tem nada a ver com o processo de aprendizado pelo qual passaram. Elas já esqueceram o processo de experimentação e descoberta que vivenciaram e sua instrução é artificial, com toneladas de fatos desnecessários e pouca ou nenhuma oportunidade para que os alunos façam suas próprias descobertas. O mais notável é que, se você solicitar a uma dessas pessoas que ajude alguém com um problema relativo a computadores (e, portanto, a situação não é rotulada de "ensino"), em geral seu comportamento será completamente diferente e muito mais adequado às necessidades do aluno.

Podemos ver uma disparidade semelhante quando observamos alguém lendo. Caso esteja lendo um jornal comum, um jornal de uma área específica ou um livro sobre seu assunto predileto, o comportamento será idêntico: o leitor folheia as páginas, pára para ler as coisas interessantes, pula algumas coisas, lê outras detalhadamente, volta, compara e assim por diante. Mas se a publicação é um livro didático, o comportamento será outro: o leitor abre o livro na primeira página, pousa os olhos na

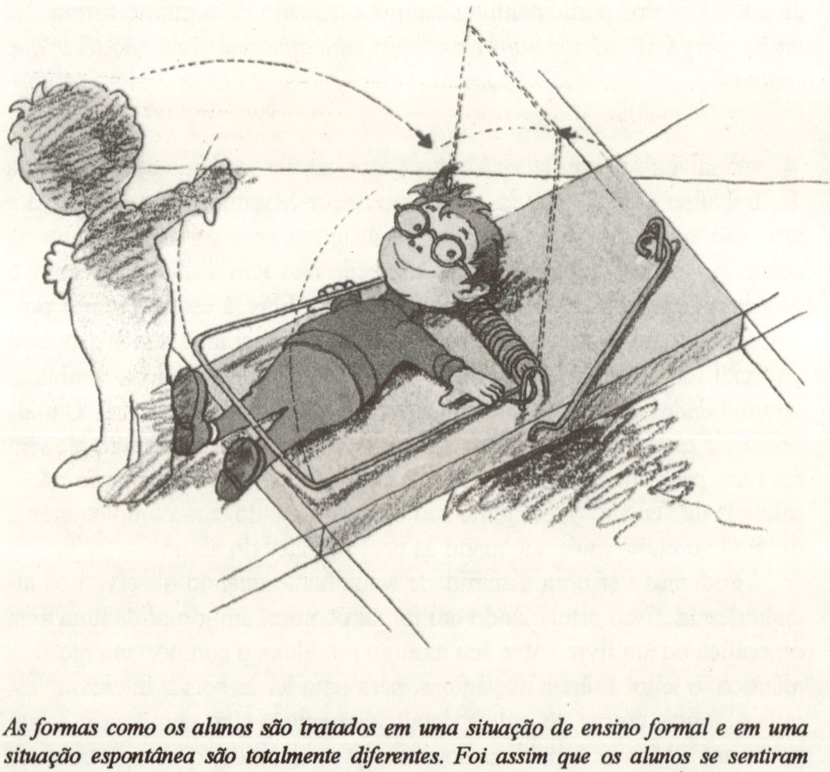

As formas como os alunos são tratados em uma situação de ensino formal e em uma situação espontânea são totalmente diferentes. Foi assim que os alunos se sentiram quando foram submetidos à instrução formal? (De um desenho de Lars Åberg.)

primeira palavra no canto superior esquerdo da página e começa a ler, linha por linha. Depois de um tempo, o pensamento do leitor começa a voar, mesmo que os olhos continuem lendo. E quando o pretenso leitor percebe isso, volta ao local onde a assimilação foi interrompida e tenta novamente.

O que tudo isso indica é que, numa situação formal, a pessoa não exibe o comportamento que exibiria em uma situação espontânea. Estou convencido de que a única razão é que a maioria das pessoas não aprendeu a observar e, portanto, a entender como elas e outras pessoas aprendem espontaneamente. A experiência está lá, mas não o conhecimento sobre como usá-la. O resultado é uma total falta de eficácia tanto na instrução em sala de aula quanto no estudo independente. Podemos até dizer que a tendência do ensino está mais próxima a causar problemas pedagógicos do que a resolvê-los.

Há muito espaço para aperfeiçoamentos, e apresentá-los não é particularmente difícil. O que temos de fazer é parar de nos concentrar apenas em métodos de ensino (como temos feito até agora) e começar a nos concentrar em métodos de aprendizado que, como pretendo demonstrar, são coisas totalmente diferentes.

Antes de nos aprofundarmos, deixe-me definir alguns termos.

Ensino: criação de condições adequadas (externas) para o aprendizado, usando diferentes formas de informação, exercícios, tarefas etc.

Aprendizado: processo mental que leva ao conhecimento. A história do irmãozinho de Tiger ensinando seu cachorro a assobiar é uma forma simpática de dizer que o ensino nem sempre resulta em aprendizado.

O ensino nem sempre resulta em aprendizado.

De acordo com uma idéia profundamente enraizada, os professores são responsáveis pelo ensino e os alunos são responsáveis pelo aprendizado, desde que as condições assim o permitam. Esta definição de papéis, ou distribuição de responsabilidades, tem levado a uma situação extremamente triste: os alunos se acostumaram à idéia de que sua capacidade de influenciar sua instrução é praticamente nula. Eles se *submetem* a sua instrução em vez de *participarem* dela.

Atualmente, a situação está começando a mudar. Os professores e alunos estão começando a *dividir* a responsabilidade pela instrução oferecida. Estão se ajudando a "criar condições adequadas ao aprendizado". A mola-mestra subjacente a esta nova tendência é que, cada vez mais, os alunos adultos modernos querem usar seu tempo de uma forma mais significativa do que simplesmente "sentados, passando as lições". Procuram atalhos. Pela mesma razão, está aumentando a demanda de conhecimento sobre como as pessoas aprendem.

Esta mesma mudança está se dando na universidade e a indústria (grande empregador de recém-formados) é, em grande parte, responsável por isso. Outra mola-mestra subjacente a essa mudança são os próprios alunos, que hoje em dia parecem ter uma perspectiva bem mais ampla (graças à mídia, viagens, diferentes tipos de experiência de trabalho etc.) do que os alunos de dez anos atrás. Por outro lado, parece que os alunos estão chegando à universidade com menos conhecimento básico de primeiro e segundo grau. Esta é uma outra razão para reavaliar as atuais formas de instrução. Daqui por diante, usarei a palavra "professor" na maioria das vezes como um termo coletivo para a pessoa que atua como líder em um ambiente educativo, independente de a instrução compreendida ser uma conferência, instrução em sala de aula, demonstração ou apresentação de informações. Da mesma forma, o termo "aluno" será usado para designar participantes de cursos, estudantes, leitores etc.

Já falei sobre aprendizado espontâneo em oposição ao aprendizado formal e em ensino espontâneo em oposição a ensino formal. "Espontâneo" significa que nosso comportamento é controlado por impulsos dos quais temos pouca consciência, ao passo que "formal" se refere a um ambiente especialmente criado para ser "educativo". Podemos até apresentar os termos "educação espontânea" e "educação formal".

Minha premissa é, portanto, de que a educação espontânea é consistentemente mais eficiente do que a educação formal, e que a educação formal, portanto, tem muito que aprender com a educação espontânea.

Richard Feynman, físico e ganhador do prêmio Nobel, escreveu alguns livros de memórias nos quais muitas vezes reflete sobre a questão do ensino e aprendizado. Alguns trechos de dois desses livros servirão para resumir nossas ambições e os tópicos que pretendemos debater.

O primeiro trecho foi extraído de *Surely, You're Joking Mr. Feynman!*, uma crítica franca mas altamente construtiva à educação formal praticada nas universidades brasileiras. (Cabe ao leitor decidir se a descrição corresponde ou não à sua própria experiência.) Em uma cerimônia de formatura assistida pelos alunos, membros do corpo docente e autoridades da cidade, pediu-se a Feynman que falasse sobre suas experiências durante seu ano na universidade. Ele perguntou antes aos seus anfitriões se poderia dizer o que quisesse. "Claro, estamos em um país livre", foi a resposta. Ele carregava consigo um livro didático. (Seus anfitriões, cientes de que o autor estava presente no auditório, acharam que ele pretendia apresentá-lo como um bom exemplo de livro didático.) Mas a fala introdutória de Feynman mostrou que tinha outra coisa em mente: "*O principal objetivo do meu discurso é demonstrar que não se ensina ciência alguma no Brasil*". Um pouco depois, mostrou o livro didático:

"*Em seguida, mostrei o livro de física elementar que estavam adotando. 'Não há menção alguma a resultado experimental neste livro, exceto em um trecho que descreve uma esfera, descendo um plano inclinado, que diz a distância percorrida pela esfera após um, dois, três segundos e assim por diante. Os números contêm 'erros' — ou seja, se os examinar, achará que está vendo resultados experimentais, pois os números são um pouco acima ou um pouco abaixo dos valores teóricos. O livro até menciona sobre ter de corrigir os erros experimentais — muito bem. O problema é que, quando se calcula o valor da constante aceleração a partir desses valores, obtém-se a resposta correta. Mas uma esfera descendo um plano inclinado, caso isso seja realmente realizado, tem uma inércia para começar a rolar e, se fizer o experimento, produzirá*

5/7 da resposta correta, devido à energia extra necessária para que a rotação da esfera tenha início. Portanto, este único exemplo de 'resultados' experimentais é obtido de um experimento forjado. Ninguém rolou esta esfera, pois jamais teria conseguido tais resultados!'

" 'E descobri uma outra coisa', continuei. 'Basta folhear as páginas aleatoriamente, marcar com o dedo uma página e ler as frases daquela página para mostrar-lhes o problema — como não é ciência, mas memorização, em todos os casos. Portanto, sou corajoso a ponto de folhear as páginas agora, marcar uma com o dedo e lê-la, para mostrar-lhes.'

"E foi isso que fiz. Brrrrrup — marquei com o dedo uma página e comecei a lê-la: 'Triboluminescência. Triboluminescência é a luz emitida pelo atrito de cristais...'

"Disse: 'E então, isso é ciência? Não! Só se disse o significado de uma palavra em termos de outras palavras. Não se falou nada sobre a natureza — que cristais produzem luz quando em atrito, por que produzem luz. Viram algum aluno ir para casa e experimentar? É impossível.'

*" 'Mas, se em vez disso se escrevesse, 'Se pegarmos um torrão de açúcar e o esmagarmos com um alicate no escuro, é possível ver uma radiação azulada. Alguns outros cristais também produzem isso. Ninguém sabe por quê. O fenômeno é chamado 'triboluminescência'. Aí alguém irá para casa e tentará fazer o experimento. Haverá então uma experiência da natureza.' Usei este exemplo, mas a página do livro em que eu colocasse o dedo não faria nenhuma diferença; existem casos como este no livro todo.'**

Em seguida, ofereceu vários exemplos de alunos que havia conhecido, mestres em repetir definições de diferentes termos, mas que fracassaram quando tiveram de responder a perguntas como *"O que acontece quando se esmaga um torrão de açúcar com um alicate no escuro?"*

O segundo trecho é do livro *What Do You Care About What Other People Think?* e é um tributo ao pai/professor de Feynman e à educação espontânea. Ele fala sobre como o hábito do seu pai de levá-lo para passear na floresta nos fins de semana estimulou outros pais da vizinhança a fazer a mesma coisa. (Os pais normalmente viviam e trabalhavam em

* Copyright © W. W. & Company, Inc. (*Surely, You're Joking, Mr. Feynman!*)

Nova Iorque e ficavam em casa apenas nos fins de semana.) Feynman nos conta o que aconteceu após um destes fins de semana:

"*Na segunda-feira, quando os pais tinham voltado ao trabalho, nós, garotos, estávamos brincando num campo. Um garoto me disse:*

— Está vendo aquele pássaro? Como é o nome dele?

Eu disse:

— Não tenho a mínima idéia.

Ele disse:

— É um tordo. Seu pai não te ensina nada, não?

Mas era exatamente o oposto. Ele já tinha me ensinado:

— Está vendo aquele pássaro? — disse ele. — É um Bom da peida. (Eu sabia que ele não sabia o nome verdadeiro.) — Em italiano, chama-se Chutto Lapittida. Em inglês, Spencer's Warbler. Em chinês, Chung-long-tah e em japonês, Katano Tekeda. Você pode saber o nome deste pássaro em todas as línguas do mundo mas, no final das contas, não saberá nada sobre o pássaro. Saberá apenas sobre as pessoas de diferentes lugares e como chamam o pássaro. Portanto, vamos examinar o pássaro e ver o que ele está fazendo — é isso que importa. (Aprendi muito cedo a diferença entre saber o nome de uma coisa e saber alguma coisa.)

Ele disse:

— Por exemplo, olha o pássaro bicando as penas o tempo todo. Está vendo ele andando e bicando as penas?

— Estou.

Ele disse:

— Por que que você acha que os pássaros bicam suas penas?

Eu disse:

— Talvez elas fiquem emboladas quando eles voam e aí eles bicam para desembolá-las.

— Tudo bem — disse ele. — Se fosse assim, eles bicariam mais as penas assim que acabassem de voar. Portanto, depois de estarem no chão por algum tempo, não bicariam mais tanto as penas — entendeu?

— Entendi.

Ele disse:

— Vamos observar e ver se eles bicam mais após terem aterrissado.

Ele disse:
— Por que que você acha que os pássaros bicam suas penas?
Eu disse:
— Talvez elas fiquem emboladas quando eles voam e aí eles bicam para desembolá-las.

Não foi difícil: não havia muita diferença entre os pássaros que estavam andando há um tempo e os que tinham acabado de pousar. Portanto, eu disse:

— Desisto. Por que que os pássaros bicam as penas?

— Porque os piolhos os estão incomodando — disse ele. — Os piolhos comem camadas de proteína que saem das penas.

E continuou:

— Cada piolho tem um tipo de cera nas pernas e os pequenos ácaros comem isso. Os ácaros não digerem isso perfeitamente e soltam um material meio açucarado, no qual as bactérias se reproduzem.

Por fim, ele disse:

— Conclusão: sempre que houver alguma fonte de alimento, haverá uma forma de vida que o encontrará.

*Agora eu sei que talvez não tenha sido exatamente um piolho, que talvez não seja exatamente correto dizer que a perna do piolho tem ácaros. Aquela história provavelmente não era precisa nos detalhes, mas o que ele estava me dizendo era certo em princípio.'**

Aha!

"Adivinha em que mão está", diz o garotinho, escondendo o último desenho nas costas e esperando que a mãe e o pai o convençam a mostrá-lo. O garoto sabe que, para conseguir comunicar-se, precisa primeiro despertar a curiosidade, motivação e atenção do receptor. Pela mesma razão, começamos uma conversa com comentários do tipo "Adivinha o que aconteceu comigo ontem!" ou "Que loucura!" A reação do ouvinte é certa: "O que aconteceu?" Estabelecemos um contato.

Nossa experiência nos ensinou que precisamos de uma abertura como esta antes de iniciar a comunicação em si, mas quase nunca nos damos conta disso. É totalmente espontâneo e pode ser descrito como um exemplo de "ensino espontâneo".

Da mesma forma, somos receptivos ao conteúdo de um manual de instrução de um produto recém-adquirido só porque temos interesse em que o produto funcione. Se estamos interessados, decidimos espontaneamente como atacar a tarefa. Podemos chamar isso de "autodidática espontânea" ou — por que não? — "método de estudo espontâneo".

Com isso, introduzi a primeira — e altamente óbvia — condição para que o aprendizado se dê — **atenção**.

Atenção, neste sentido, pode se expressar e ser vivenciada de muitas formas diferentes: curiosidade, interesse, medo, expectativa, reconhecimento, fome, desafio etc. Na pedagogia formal, o termo "motivação" é usado para definir a mesma coisa. O processo de aprendizado começa com atenção, mas o que acontece depois? Deixem-me esclarecer a descrição com um exemplo simples.

A moça da ilustração a seguir comprou uma câmera. Seu interesse em aprender a usá-la já foi despertado: ela está curiosa em saber como funciona e sua curiosidade a torna receptiva a informações que a câmera e as instruções oferecem. Escolhe e assimila espontaneamente as informações importantes para ela. De forma igualmente inconsciente, ela ignora outras informações. As informações assimiladas são processadas no seu cérebro e ela usa o método de tentativa e erro para descobrir as relações significativas. Ela prossegue assim até entender: *"Aha, isso é que é o obturador"*. Em seguida, ela tenta algumas vezes, só para se divertir, e para ter certeza de que chegou às conclusões certas.

Esta é uma forma de descrever o processo de aprendizado espontâneo. Podemos observar a mesma série de eventos de outras perspectivas — algumas mais simples e outras bem mais complicadas, mas eu descobri que, para os nossos propósitos, a descrição dada anteriormente é uma forma excelente de explicar o aprendizado espontâneo. Eis um resumo do processo de aprendizado:

1. **Atenção** nos torna receptivos a
2. **Informações**, que passam pelo nosso
3. **Processamento** junto com conhecimento anterior, até chegarmos a
4. **Conclusões** e compreensão, que então passam por nossa
5. **Aplicação** e teste para termos uma confirmação.

É exatamente nesta série de processos mentais que se baseiam diretores de cinema, autores e políticos para fazerem suas apresentações, a fim de atrair e prender nossa atenção e fazer chegar a nós sua mensagem. Deixem-me dar-lhes outros exemplos reais que esclarecem estes cinco termos.

1. **Atenção**: As manchetes de jornais e cartazes, anúncios e outras propagandas, pôsteres em lojas e capas de livros e discos são exemplos claros de artifícios usados pelas pessoas para atrair atenção e despertar interesse. O mesmo é válido para filmes, romances e discursos políticos: muitas vezes, a introdução é habilmente estruturada para atrair nosso interesse e fazer-nos ficar e assimilar o resto. Uma formação natural incomum, uma ruína antiga ou uma gota d'água saltitando em uma frigideira escaldante podem ter o mesmo efeito. Se as condições forem

O processo de aprendizado: 'Ela prossegue assim até entender: 'Aha, isso é que é o obturador'. Em seguida, ela tenta algumas vezes, só para se divertir, e para ter certeza de que chegou às conclusões certas.''

corretas, nosso interesse será despertado, assim como nossa curiosidade. Estaremos então prontos para receber informações.

2. **Informações**: Mas seremos receptivos apenas se as informações atenderem às nossas expectativas até certo ponto. Se as informações forem incompreensíveis, se houver excesso ou falta de informação ou se a informação for incorreta, o processo será interrompido. Um bom exemplo são os muitos artigos de jornal que raramente são lidos do princípio ao fim. Lemos superficialmente o artigo, a fim de descobrir alguma coisa importante. Se a apresentação funcionar, continuaremos lendo ou escutando. Porém, mesmo se depararmos com informações que pareçam ter sentido, ainda teremos um bom caminho a percorrer antes de chegarmos ao verdadeiro aprendizado e, conseqüentemente, novo conhecimento.

3. **Processamento**: O processamento mental, o "trabalho cerebral", talvez seja o estágio mais crítico. É neste estágio que comparamos novas e antigas informações. Podemos ver isso quando observamos as pessoas estudando. Elas param de ler e tiram os olhos do texto a fim de ajudar o cérebro a procurar outras associações. Em outras palavras, interrompemos espontaneamente o influxo de informações para dar ao mecanismo de processamento uma chance de funcionar. Também podemos notar como o aprendizado tende a continuar após uma lição — um sinal de que o cérebro ainda está processando as informações e descobrindo novas relações.

4. **Conclusão**: As relações são um fator importante; o cérebro está constantemente em busca de relações significativas ou, para usar uma outra expressão, gestalts. (De acordo com a definição usada em psicologia, gestalt é um "todo" feito de várias partes. Este "todo" pode ser uma imagem, uma forma, um pensamento etc.) É quando tais relações ou gestalts se tornam óbvias para nós que tendemos a emitir um "Aha!" Na maioria das vezes, essa experiência nem é observável. Quando é, é como um choque elétrico percorrendo seu corpo — você reage empertigando-se ao mesmo tempo que o ar de questionamento desaparece do seu rosto. Mesmo no jargão psicológico, esta experiência é chamada de "Aha". Mas com ou sem essas manifestações visíveis ou audíveis, este é o instante em que nasce o conhecimento.

5. **Aplicação**: O prazer resultante da aquisição deste novo conhecimento (compreensão, entendimento, conclusões) leva-nos ao próximo estágio — tentar aplicar nosso conhecimento de uma forma ou de outra. E este é o início de um novo processo, com um novo aprendizado.

Muitas vezes, é fácil observar cada fase deste processo nas crianças. Um exemplo: minha filha de nove meses vê um martelo no chão. O objeto chamou sua atenção, despertou sua curiosidade. Ela engatinha até o martelo, apanha-o e examina-o. Após um período de relativo silêncio, começa a tentar fazer diferentes coisas com ele. Finalmente, descobre que o martelo é ótimo para martelar o chão. Seu sucesso em obter esta compreensão faz com que ela dê um gritinho, após o qual ela confirma seu novo conhecimento com alegria e tenacidade, fazendo uma série de pequenas marcas no meu assoalho de madeira.

O processo de aprendizado não começa sempre como resultado direto de impulsos e de informações "externas". Vocês com certeza já observaram como um pensamento pode "ficar quietinho e crescer". Às vezes, uma associação inicia um processo de reflexão consciente. Você procura na sua memória conhecimento/informações, revirando-a até descobrir relações que não havia imaginado antes.

Sem qualquer influência externa real, você criou um conhecimento novo com base no conhecimento e experiências que já tinha. Com igual freqüência (ou talvez mais), este processo se dá sem que tenhamos consciência. É por isso que algumas pessoas acordam no meio da noite com a solução de um problema. É por isso que temos boas idéias no banho ou quando esquiamos. É por isso que um nome que você tentou lembrar em vão de repente aparece na sua cabeça tempos depois, num contexto totalmente diferente.

Seu cérebro simplesmente pôs a mão na massa — desculpem-me a expressão — e continuou se concentrando na solução do problema tempos depois de você já ter desistido.

A busca de significado

É fácil ficar fascinado pelo traço humano que leva os pequeninos a aprenderem a engatinhar, andar e comunicar-se e os adultos a examinarem os menores blocos de construção da natureza a fim de tentar entender o funcionamento das coisas.

E podemos nos questionar o que há por trás deste impulso.

Não chegarei nem a tentar dar uma resposta genérica a esta questão, mas há uma característica do cérebro, fácil de observar, e que tem resultado em muitas conclusões interessantes sobre como aprendemos: o esforço constante do cérebro para descobrir relações, formar todos das partes, criar gestalts.

Vale a pena refletir sobre esta característica, pois é uma chave importante para entender como podemos melhorar as condições de aprendizado. Com relativamente poucas informações, podemos usar nossa imaginação para ver "o todo", a gestalt. O que chamamos de imaginação ajuda-nos a interpretar as informações que recebemos de forma que signifiquem algo para nós.

Esta é uma das características fundamentais da nossa capacidade de aprender — a mola-mestra subjacente a todo aprendizado.

O exemplo da página ao lado mostra que não precisamos de muita informação para estimular nossa imaginação: um professor de jardim-de-infância fez um desenho, passo a passo, e pediu às crianças que o

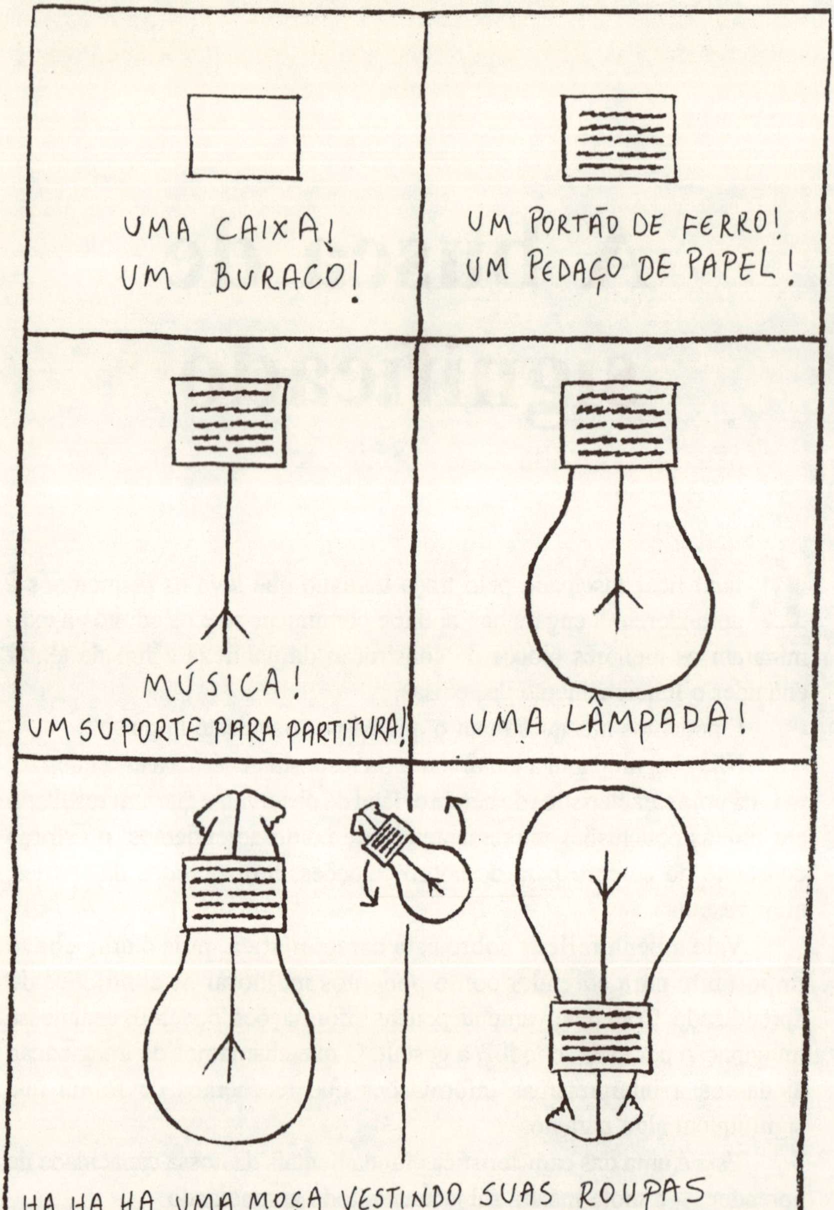

Um professor fez um desenho, passo a passo, e pediu às crianças que o descrevessem. Foi possível perceber grande entusiasmo e prazer sempre que era proposta uma nova interpretação.

descrevessem. Elas deram ao desenho muitas interpretações criativas e cada uma era proposta com grande entusiasmo e prazer.

As ilustrações abaixo mostram imagens de um tipo mais tradicional (tiradas de livros de psicologia). Também servem como exemplos de gestalts visuais. Nestes exemplos, é dificil *deixar* de ver o todo, a gestalt. Não podemos ignorá-lo, mesmo se quisermos.

A estas ilustrações seguem-se dois outros exemplos nos quais é mais dificil ver a gestalt. É necessário um certo esforço. Uma dica: a primeira ilustração contém letras e a segunda mostra um animal. (Você encontrará as respostas na página 43.)

K.M. Dallenbach/Gordon Rattray Taylor

Mesmo que possamos ver apenas uma pequena parte das letras, nossos cérebros preenchem as partes que faltam se, e apenas se, as letras formarem palavras e as palavras formarem frases.

Talvez não tenhamos informação suficiente

Vot nut ixcherend gereose itsa niveda urr

Talvez não tenhamos informação suficiente para identificar uma letra isoladamente, mas o contexto ajuda-nos a eliminar todas as interpretações que carecem de significado. Um dos dois "textos" tem um significado, o outro, não. Conseguem ler a mensagem?

Neste caso, o cérebro parece realizar uma série enorme de estimativas de probabilidade, a fim de chegar a uma interpretação razoável. É claro que isso não se aplica apenas a ilustrações; o mesmo acontece quando ouvimos.

Eis um exemplo simples:

Suponhamos que você ouça alguém dizendo "VAMNES?". O que significa?

Você provavelmente ficará confuso; seu cérebro não encontrará uma interpretação significativa.

Agora, suponhamos que, em vez disso, você apareça na casa de amigos e eles estejam prestes a jantar. Um deles olha para você, aponta para a comida e diz: "*Vamnes*?" (Vamos nessa?)

Usei este exemplo para ilustrar que a forma como o cérebro interpreta e avalia informações depende de várias informações que devem estar presentes simultaneamente, sendo que a mais importante normalmente é chamada de contexto. Obviamente, o conhecimento e a experiência anteriores também são importantes. "Vamnes" fora de um contexto não tem significado algum, mas dentro de um contexto pode ser interpretado e, assim, adquire significado.

Se transferimos isso para o ensino e aprendizado, este é um problema sério. O professor ou autor de livro didático ensina com base no seu conhecimento do todo (que é extremamente difícil ignorar), ao passo que o aluno depende dos fragmentos abordados até então.

Se eu começar a ler um livro e chegar à página 10, obviamente terei lido apenas dez páginas.

Mas quando o autor escreveu a página 10, já tinha "lido o livro todo", ou seja, já tinha elaborado antecipadamente todo o contexto, toda a gestalt.

O que pode acontecer quando eu leio o livro é que ou fico totalmente perdido, pois não consigo perceber o contexto imaginado pelo autor quando escreveu o livro, ou "invento" minhas próprias relações, conseqüentemente correndo o sério risco de chegar à conclusão errada, o que me trará problemas mais adiante no livro.

Na universidade, as pessoas estão conscientes deste problema e estão discutindo formas de reverter a seqüência de ensino, de modo que a instrução comece com uma visão abrangente baseada em condições reais e depois passe a ter um número cada vez maior de detalhes. (Vide a descrição de Richard Feynman na seção anterior.)

Esta é uma característica central do ensino e planejamento de estudo atuais. Terei motivos para voltar a este tópico mais adiante.

Este esforço aparente do cérebro para criar todos significativos, as gestalts, a partir de quaisquer fragmentos existentes pode ser chamado de mola-mestra subjacente ao processo de aprendizado. Funciona aparentemente de forma espontânea, mas podemos facilitar o processo com algum esforço consciente de nossa parte.

Parece sensato supor que esta é a mesma característica que nos deixa interessados em coisas como programas de perguntas, palavras cruzadas, charadas, problemas de lógica, histórias de detetive e problemas absurdos e inteligentes em revistas. Seu valor de entretenimento repousa na sua capacidade de dar aos nossos cérebros famintos de atividade "alguma coisa para mastigar". A idéia é desafiar o cérebro para que funcione durante o processo, na esperança de experimentar o prazer de sucesso proveniente da "descoberta". Eis um bom exemplo de como o processo de aprendizado pode nos entreter e divertir.

Neste caso, o artista desafia nossas idéias e associações enraizadas. Normalmente, achamos jogos mentais como este divertidos.

Narrativas de todos os tipos — histórias, filmes, romances ou coisa parecida — nos entretêm pela mesma razão. Repetidas vezes, nos perguntamos: "O que vai acontecer, o que vai acontecer?", como se esperássemos nervosos o resultado (gestalt). Os acontecimentos esportivos oferecem um tipo parecido de entretenimento (no qual a mola-mestra se perde se o placar final, a gestalt, for revelado de antemão).

O fato de buscarmos esse entretenimento é sinal dos esforços do cérebro para continuar em atividade.

Neste mesmo tom, podemos resumir com uma charada: O que é, o que é, que fazemos, que estamos extremamente bem preparados para fazer, que é divertido tanto quando estamos fazendo quanto depois de realizado nosso objetivo, que exige um mínimo de esforço desagradável e que usamos o tempo todo?

Resposta: Aprender.

Comentários sobre as ilustrações das páginas 39-40:

1. A ilustração mostra a palavra "CARDO" (o nome de uma empresa), mas neste caso só os espaços (!) entre as letras foram reproduzidos. O padrão foi criado pelo artista Carl Fredrik Reuterswärd e é exibido como escultura no saguão da empresa.
2. Esta é uma ilustração de uma vaca olhando para você. O interessante dela é que a maioria das pessoas não consegue ver a vaca, a gestalt, sem ajuda. (Se ainda não conseguiu ver uma vaca, pode consolar-se com o fato de que voltarei a falar sobre esta ilustração.)
3. O texto: "Talvez não tenhamos informação suficiente".

Aprender é descobrir

"Sou capaz de lhe pagar um milhão de dólares se você conseguir ficar uma noite na floresta, de olhos bem abertos, sem tomar nenhum tipo de droga e não pensar num macaco branco!" A aposta parece não ser muito arriscada; como alguém, nestas circunstâncias, conseguiria impedir seu cérebro de fazer, a qualquer hora da longa noite, uma associação com um macaco branco?

Você pode testar seus poderes associativos: olhe em volta da sala; olhe para cada objeto. Sempre que olhar para um objeto, diga em voz alta um nome totalmente desvinculado. (Por exemplo, olhe para uma cadeira e diga "hambúrguer".)

Isso não só é difícil (depois de um tempo, você estará tão confuso que talvez fique com dor de barriga), como cada associação se tornará gradativamente mais e mais associada ao objeto correspondente. Por exemplo, mesa-comida, sapato-caminhada etc.

Também sabemos muito bem como um cheiro, uma música ou um rosto pode de repente evocar lembranças que estavam "enterradas" há muitos e muitos anos.

Da mesma forma, quando deparamos com uma nova tarefa, usamos, muitas vezes inconscientemente, conhecimento e técnicas adquiridos décadas atrás. Portanto, não temos apenas uma quantidade fantástica de conhecimento e experiência armazenados nos nossos cérebros — temos também uma capacidade fenomenal de associar (estabelecer relações) para descobrir e recuperar rapidamente as informações necessárias do grande arquivo existente nas nossas mentes.

Os rostos são um bom exemplo:

Você vai a uma loja de departamentos, seus olhos vêem centenas de rostos e, de repente, seu cérebro detecta uma relação entre um deles e a lembrança de um rosto vinte ou trinta anos mais jovem e você exclama: "Ora, ora, você não é Simão Simões, meu antigo colega de turma, que nunca parava sentado na sala de aula..."

Podemos dizer que a pesquisa sobre o funcionamento do cérebro avançou em um sentido, mas em outro, não. Avançou muito, pois hoje em dia sabemos muito mais do que há apenas duas ou três décadas e não avançou muito, pois temos somente uma vaga idéia de como trabalha o cérebro, do verdadeiro funcionamento dos mecanismos cerebrais.

Sabe-se que diferentes tipos de atividade mental (fala, funções motoras etc.) concentram-se em diferentes partes do cérebro.

Sabemos que o lado direito do cérebro controla principalmente o lado esquerdo do corpo e vice-versa.

Temos dados para concluir que o lado direito do cérebro é mais "holístico" — é capaz de ver o "todo", ao passo que o lado esquerdo é mais bem equipado para tratar de detalhes, lógica etc.

Também sabemos que cada uma das nossas 200 bilhões (!) de células cerebrais (neurônios) está conectada a mais de mil outras células do cérebro via estruturas chamadas sinapses e que as células do nosso cérebro comunicam-se entre si transmitindo impulsos elétricos através desta gigantesca rede.

Além disso, parece que, uma vez ativadas várias células simultaneamente, tende a ser mais fácil ativar este grupo de células subseqüentemente.

"Memória", portanto, seria sinônimo desta tendência e "lembrar-se" seria uma ativação subseqüente das células em questão.

Por último, quando alguém diz "VAMNES", o cérebro inicia um processo de busca, verificando todos os impulsos acionados por esses sons. Como parte desse processo, o cérebro realiza uma série de "estimativas de probabilidade", até achar uma relação razoável entre "vamnes" e outras informações novas e antigas: *"Aha! Ele está dizendo 'Vamos nessa!' "*

Seus olhos vêem centenas de rostos e, de repente, seu cérebro detecta uma relação entre um destes muitos rostos e a lembrança de um rosto vinte ou trinta anos mais jovem. Duzentos bilhões de células ajudam-no a fazer isso.

O processo de busca seria então o que chamamos de associação e a mola-mestra seriam os esforços espontâneos do cérebro para descobrir relações, criar *gestalts*.

O que acontece no cérebro durante o processo de aprendizado pode ser explicado usando-se um modelo altamente esquemático e "mecânico", como o que se segue:

1. **Atenção** pode ser considerada a ativação de grupos de células do cérebro que contêm experiências, conhecimento ou necessidades anteriores registradas.

2. Novas **informações** relacionadas à informação que atraiu a atenção são assimiladas e armazenadas temporariamente nos bancos de memória a curto prazo do cérebro. Os novos grupos de células ativados naquele momento fazem contato com os grupos de células ativados anteriormente.

3. As informações novas e antigas são **processadas** na tentativa de descobrir relações, gestalts. Através da associação, muitos grupos de células passam a participar e são estabelecidas cada vez mais conexões entre as células e grupos de células. Quando o cérebro encontra uma relação significativa, temos a sensação de descoberta, compreensão, uma espécie de experiência interior que ativa novos grupos de células, embora esta experiência ainda seja "não-verbal" até certo ponto.

4. Usamos nosso "intelecto" para rotular a gestalt com uma expressão ou nome que nos ajudará a lidar com a **conclusão** ou **conhecimento**: a experiência é, portanto, transformada em conhecimento. Todos os grupos de células envolvidos podem, daí por diante, ser ativados usando-se esta expressão ou nome. Esta "unidade de conhecimento" ou gestalt às vezes é chamada de "conceito" e o processo é chamado de "conceitualização" (o nascimento do conhecimento). Um conceito, portanto, consiste em descoberta, compreensão e em um nome ou expressão (rótulo). Conceitos simples como "cadeira" significam mais ou menos a mesma coisa para a maioria das pessoas, ao passo que expressões como "democracia" acionam diferentes associações em diferentes pessoas, dependendo de como elas tenham adquirido seu conhecimento sobre democracia.

5. Quando o conhecimento é **usado**, adquire outras associações e experiências que o **reforçam**, facilitando seu acesso. (Quanto maior o número de grupos de células, maior o número de conexões.) O conhecimento tornou-se "parte de nós"; dizemos que foi internalizado.

Preparação mental e receptividade.
(Vários grupos de células cerebrais são ativados.)

Fatos e dados são transformados em informações.
(Novos grupos de células do cérebro são ativados e relacionados.)

As informações são transformadas em experiência e descoberta.
(Associações — a busca de significado. Aha!)

Experiência e descoberta são transformadas em conhecimento.
(Um todo significativo toma forma, tornando-se um conceito.)

O conhecimento é transformado em técnicas e atitudes — e em sabedoria.
(O conhecimento adquire mais detalhes e é internalizado.)

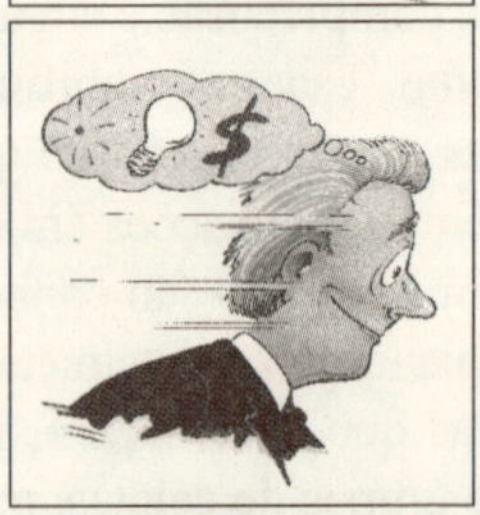

Um modelo "mecânico" do que acontece no cérebro quando aprendemos.

Este processo se dá simultaneamente em diferentes dimensões, em diferentes níveis de "magnificação". Cada etapa do processo de aprendizado compreende todas as outras etapas, porém em um nível muito mais detalhado. Cada etapa neste nível mais detalhado, por sua vez, compreende todas as outras etapas... etc. (Uma representação gráfica deste processo de internalização seria um fractal, um conceito matemático, no qual padrões praticamente idênticos são repetidos inúmeras vezes em diferentes níveis de magnificação.) O nível de magnificação que estamos adotando neste caso manifesta-se em uma situação de aprendizado como um caminho para um conhecimento novo e identificável. Seria o seguinte:

1. **Atenção**: O professor mostra um retângulo: "Sabemos que a área do retângulo é igual ao comprimento vezes largura." O professor desenha um triângulo qualquer: "Mas qual é a área deste triângulo?"

2. **Informação**: O professor continua: "Se eu desenhar uma linha como esta (desenha a altura do triângulo), podemos ver que obtemos quatro triângulos (preenche o contorno dos dois retângulos que foram formados), e cada par forma dois novos retângulos."

3. **Processamento**: "Agora, vejamos se podemos descobrir a área do triângulo." O professor criou diferentes caminhos que os alunos podem percorrer para chegar à conclusão. Um aluno observa que os lados do triângulo dividem os retângulos menores em duas partes iguais. Outro percebe que se pode formar um novo triângulo semelhante a partir dos dois cantos "eliminados". Outro percebe as duas coisas e, para ele, uma conclusão confirma a outra — que a área do triângulo deve ser a metade do retângulo maior.

4. **Ajuda para criar conhecimento**: Este "conhecimento intuitivo" agora pode ser transformado em conhecimento utilizável. O professor ajuda: "Isso mesmo; o comprimento vezes a largura dividido por dois. Mas tem uma outra coisa. Quando falamos de triângulos, usamos altura e não largura, e base em vez de comprimento. Portanto, é base vezes altura dividido por dois."

5. **Confirmação**: Os participantes podem então verificar se a fórmula é válida para outros triângulos. (Um papel quadriculado pode ajudar os alunos a perceber que podem obter mais ou menos os mesmos resultados usando a fórmula ou contando os quadradinhos.)

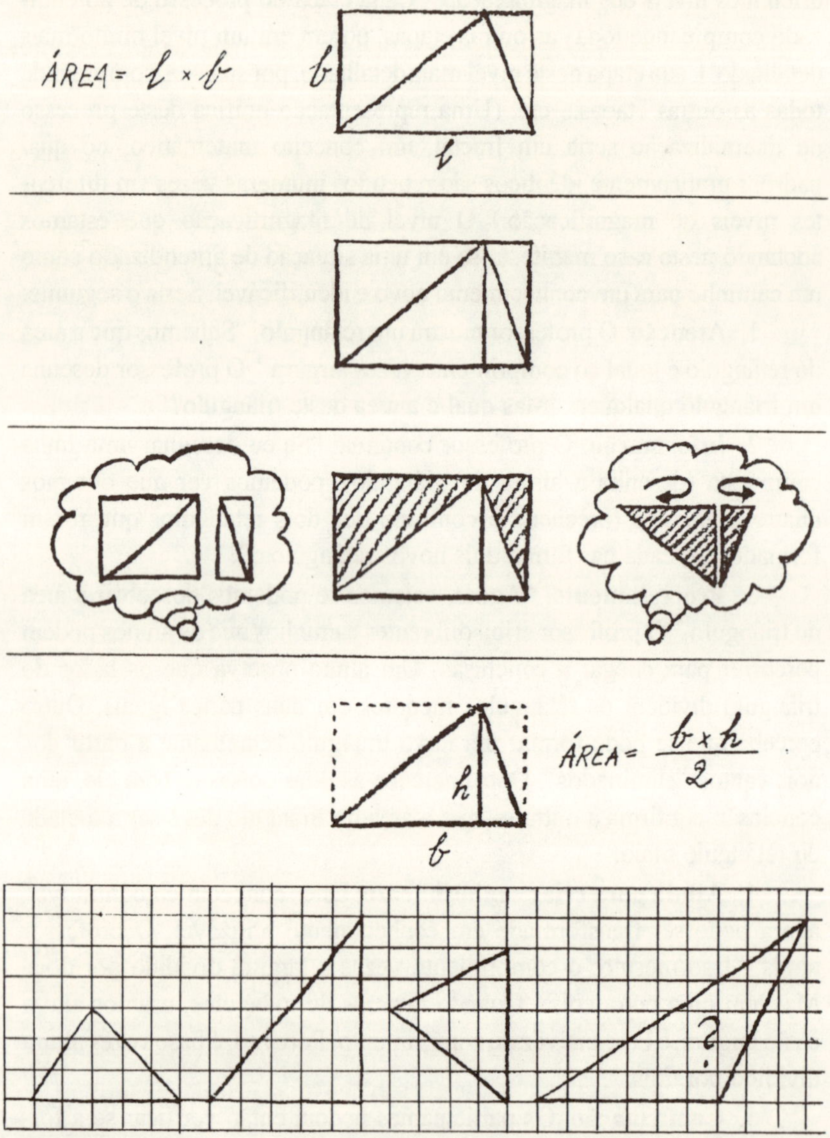

Os alunos aprendem a calcular a área de um triângulo usando seu conhecimento anterior sobre o cálculo da área de um retângulo.

Resultado: o conhecimento de que a área do triângulo é igual a base vezes a altura dividido por dois, em que a altura é a distância perpendicular entre a base e a ponta do triângulo. (Contudo, a fórmula dada e os termos usados são importantes apenas se o conhecimento servir como embasamento de maiores instruções.)

Segundo esta perspectiva, o processo de reflexão, experiência e conclusões resultantes da atividade de processamento do terceiro estágio (processamento) constitui uma etapa essencial no caminho para um novo conhecimento. Geralmente, porém, é a versão mais utilizável da conclusão (estágio 4) que constitui o verdadeiro conhecimento. Algumas pessoas acham que o termo "aprendizado" deve ser restrito a esta transformação da experiência em conhecimento.

Esta forma de pensamento contém um ponto extremamente importante para nós: suponhamos que você tenha apenas memorizado a frase "A área de um triângulo é igual a base vezes a altura...," etc. sem realmente entendê-la. Você é capaz de recitar esta frase se alguém lhe pedir para calcular a área de um triângulo e, portanto, passar a impressão de que adquiriu novo conhecimento, mas isso não seria verdade. Todos já passamos por essa experiência quando estávamos na escola.

Mas o mesmo erro persiste na educação de adultos:

P é professor. Com base nas suas experiências e pesquisas, tirou uma série de conclusões e descobriu uma forma adequada de representá-las em um modelo:

Este modelo serve então como base e ponto de partida para um curso de administração financeira. No final do curso, pede-se ao aluno A que explique o modelo e assim ele o faz. P conclui então incorretamente que transmitiu conhecimento a A quando, na verdade, A apenas decorou os rótulos (o modelo), sem adquirir a experiência subjacente — a descoberta. É como aprender uma série de palavras em uma língua estrangeira sem saber seu significado!

Mas esta é uma simplificação grosseira. Muitas vezes, temos conhecimentos e experiências anteriores que nos permitem "aceitar" o modelo depois de verificarmos se ele constitui uma descrição razoável das nossas próprias conclusões. O problema é que podemos *pensar* que entendemos e aprendemos, mesmo não tendo feito nada disso. Tais experiências de pouco valem.

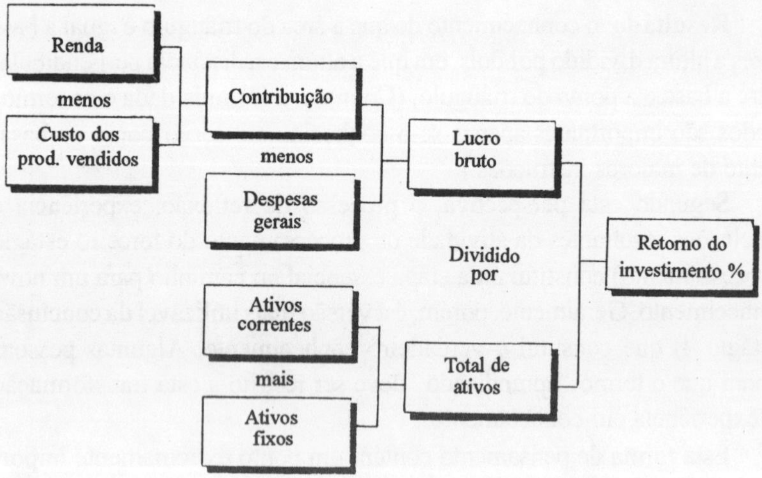

Este modelo financeiro serve como base e ponto de partida para um curso de administração financeira.

Uma forma bem melhor é primeiro atualizar as nossas experiências e/ou achar uma oportunidade de adquirir novas (como no caso dos triângulos) e depois ajudar a transformar essas experiências em conhecimento — dando-lhes nomes e talvez fazendo com que formem algum tipo de modelo. O conhecimento adquirido será mais rico, ou seja, conterá mais associações e será, portanto, mais acessível e utilizável.

E é exatamente assim que aprendemos espontaneamente. Uma criança aponta para um eletrodoméstico e pergunta "Da?" ("Que é isso?"), exigindo um nome, um rótulo, para sua experiência. É assim que evoluem todas as línguas (inclusive os jargões).

Mas precisamos da linguagem não só para nos comunicarmos uns com os outros. Também precisamos dela para nos "comunicarmos conosco", ou seja, pensar. Por exemplo, é importante ajudar as crianças a encontrar palavras/rótulos para as suas experiências e sentimentos desde cedo. Os pais podem, por exemplo, fazer perguntas como: "Você ficou decepcionada porque não fomos à casa do vovô?" Palavras como "decepcionada", "zangada", "triste", "assustada" e "insegura" são necessárias para que entendamos e lidemos com os nossos sentimentos. Da mesma forma, precisamos de certas palavras e expressões a fim de lidar com conclusões e descobertas. Com habilidades lingüísticas limitadas, teremos dificuldade em dizer o que queremos e isso pode nos forçar a "dizer o que somos capazes de dizer".

Certa ocasião, entrevistei os operários de uma grande fábrica. As perguntas tinham a ver com suas atitudes com relação à empresa, sua gerência e seus empregos. Um número surpreendente de respostas consistiam em frases impressionantemente semelhantes às expressas pela gerência da empresa em diferentes situações (provavelmente porque esses entrevistados achavam que eu representava a gerência), ao passo que outras eram semelhantes a frases usadas em campanhas sindicais (provavelmente porque achavam que o sindicato havia me enviado lá para entrevistá-los). Era como se eu tivesse lhes feito outra pergunta totalmente diferente: "O que a gerência da companhia/sindicato acha que você deve achar sobre tais e tais assuntos?"

Isso aconteceu há muitos anos, mas ainda serve para lembrar-me de que uma língua rica não é garantia de um conhecimento igualmente rico.

Portanto, a qualidade do conhecimento é determinada pelas muitas experiências e associações que ao todo compõem tal conhecimento. E o ensino e o estudo são tentativas de recriar, de uma forma ou de outra, o processo de aprendizado que originalmente resultaram no conhecimento em questão. No seu livro *The dancing Wu Li*, Gary Zukav descreve suas impressões sobre como ensina um professor oriental de física:

"Um mestre ensina o essencial. Depois que o essencial tiver sido entendido, ele ensina o que é necessário para ampliar o conhecimento. O mestre Wu Li só fala sobre gravidade quando o aluno tiver olhado com admiração uma pétala de flor flutuando até cair no chão. Só fala de leis da física quando o aluno tiver dito com suas próprias palavras: "Que engraçado! Deixei cair uma pedra leve e outra pesada ao mesmo tempo e as duas chegaram no chão juntas!" Só fala de matemática quando o aluno tiver dito "Deve haver uma forma mais simples de dizer isso."

O mestre Wu Li não ensina, mas seu aluno aprende.

Competição e competência

É claro que o aprendizado para uma empresa como um todo depende muito do que seus concorrentes inventam. A história está repleta de exemplos que mostram que a concorrência é a mola-mestra subjacente ao desenvolvimento de *expertise* (aprendizado) de uma empresa. É como se todas as empresas precisassem exatamente dos mesmos tipos de desafios que nós, indivíduos, precisamos para crescer.

Eric Giertz e Göran Reitberger contam uma história do início deste século. Mostra que pode ser difícil entender de antemão por que as coisas acontecem mais tarde do jeito que acontecem.

Do gelo do lago ao refrigerador. *"O primeiro passo da criação do atual setor de eletrodomésticos foi dado no final do século passado, quando um médico de um hospital no sul dos Estados Unidos desenvolveu um método de fazer gelo. O médico precisava de uma fôrma de congelar espécimes, mas nem sempre havia gelo do lago, trazido do norte, onde era "cultivado" em lagos congelados todos os invernos e embrulhado em palha. Outros médicos e hospitais que precisavam de gelo começaram a usar o novo método de fabricação de gelo desse médico e logo se espalhou a notícia, mesmo fora dos hospitais, de que havia máquinas para a fabricação de gelo.*

A esta altura, algumas firmas locais interessaram-se pela técnica e começaram a desenvolver produtos mais comerciais a partir dos protótipos nada práticos do médico. Embora o gelo fabricado pela máquina fosse inicialmente muito mais caro do que o gelo do lago, a escassez de gelo de qualquer espécie no sul garantiu-lhe um mercado, embora fosse um mercado relativamente exclusivo. Logo, outros fabricantes entraram no jogo, oferecendo máquinas muito melhores do que as primeiras. O mercado cresceu e um número cada vez maior de empresas passou a participar dele. O desenvolvimento de produtos intensificou-se e os preços das máquinas de gelo continuaram caindo.

Ficou claro para os comerciantes de gelo do lago no norte que as novas máquinas eram uma ameaça concreta, mesmo para os mercados locais, nos quais era feita a maioria das suas vendas.

Enquanto as máquinas foram vendidas apenas no sul e a preços altos, a ameaça aos seus negócios foi marginal. Podiam até mesmo argumentar que as máquinas tinham expandido o mercado: já que o uso de gelo tinha aumentado no sul, a demanda de gelo barato de lago também aumentou.

Para enfrentar a ameaça, os negociantes de gelo do lago rapidamente melhoraram seu produto de várias formas. Começaram a entregar o gelo em blocos de tamanho conveniente e lançaram ferramentas que facilitavam aos usuários quebrar o gelo em cubos. Os entregadores foram treinados com relação ao atendimento ao cliente; receberam uniformes e carrinhos especiais para carregar o gelo até as cozinhas sem sujar o chão. Portanto, quando os fornecedores perceberam que não podiam mais concorrer com sucesso com o gelo de máquina só com base no preço, contra-atacaram, fazendo enormes melhorias no serviço ao cliente, confiança e eficiência. Foram bem-sucedidos em reagir à nova ameaça com grande criatividade e inventividade. Inicialmente, a estratégia deu certo. A resposta inovadora da indústria de gelo ao ataque dos fabricantes de máquinas de gelo resultou em um aumento drástico nas vendas de gelo de lago — de cinco milhões de toneladas anualmente nos Estados Unidos à época do lançamento das máquinas de gelo para 15 milhões de toneladas alguns anos depois, embora o gelo de máquina tenha conquistado uma fatia substancial do mercado. (A indústria de gelo não era uma operação pequena; empregava dezenas de milhares de pessoas.)

Nem os grandes investimentos no desenvolvimento de produtos e orientação do cliente foram suficientes quando os concorrentes inventaram uma nova idéia de negócios (lógica empresarial).

Mas logo apareceu uma nova ameaça. Surgiram novas empresas na indústria de máquinas de gelo e ofereceram um produto que, em vez de fazer gelo da refrigeração, oferecia refrigeração para fazer gelo: o refrigerador movido a compressor. Ameaçou não apenas os fornecedores de gelo de lago, mas os fabricantes de geladeiras e a indústria de máquinas de gelo, em rápida expansão.

Uma vez iniciada a produção em grande escala de refrigeradores com congeladores, o setor mais uma vez reagiu com inovações que aumentaram enormemente os benefícios ao cliente da tecnologia tradicional. As geladeiras receberam isolamento e ventilação bastante melhorados.

Em alguns dos novos modelos, uma determinada quantidade de gelo durava três vezes mais do que nos antigos. Foram introduzidos os sistemas de drenagem de degelo automático. O serviço melhorou ainda mais e os sistemas de entrega tornaram-se ainda mais voltados ao cliente. Mais uma vez, o setor teve sucesso, através de melhorias radicais no sistema tradicional de suprimento de refrigeração doméstica, em manter a concorrência afastada por um tempo. Mas a nova tecnologia possuía um potencial de desenvolvimento que poucas pessoas puderam prever.

Logo, havia muitos fabricantes de refrigeradores, embora pequenos, e a concorrência entre eles acelerou o desenvolvimento de produtos. As melhorias lançadas por um fabricante eram rapidamente copiadas pelos outros e a superioridade do refrigerador tornou-se cada vez mais óbvia.

Com o aumento da demanda, as várias marcas de refrigeradores tornaram-se cada vez mais parecidas. Os fabricantes passaram então a concentrar-se na racionalização dos métodos de produção, no corte dos custos de produção e, com a queda dos preços, no estabelecimento do refrigerador como um produto para o mercado de massa.

As economias de escala estimularam os fabricantes a adquirirem seus concorrentes e, aos poucos, a indústria estava concentrada nas mãos de algumas grandes empresas — a nova indústria. Mas, mesmo antes de a fase de concentração atingir seu ponto máximo, o refrigerador tinha substituído de uma vez por todas os cortadores de gelo de lago, fabricantes de geladeiras e empresas de máquinas de gelo nos segmentos marginais do mercado de refrigeração doméstica."

Na verdade, a única diferença entre aquela época e agora é o tempo que temos a nossa disposição — e esta é uma diferença importante. Por exemplo, quanto tempo levamos para desenvolver um novo produto e levá-lo à produção? Podemos levar sete anos para desenvolver um novo carro ou temos de fazê-lo em dois anos? Com que rapidez podemos adotar uma nova tecnologia de produção? (Atualmente, uma indústria inteira é capaz de passar de uma tecnologia para outra em alguns anos, enquanto antigamente levava décadas — como na indústria gráfica.) Quanto tempo os clientes levam para descobrir a existência de um novo produto? Com que rapidez podemos entregar um produto customizado feito por um sistema de produção agilizado a fim de vencer nossos concorrentes — seis meses ou 24 horas?

Podemos fazer perguntas semelhantes sobre a utilização de capital: basta usarmos nossa fábrica e equipamento 8 horas por dia, 210 dias por ano ou temos de usá-los 24 horas por dia, sete dias por semana, 365 dias por ano? Quanto tempo podemos deixar os produtos nos depósitos?

Ou: quanto tempo uma pessoa leva para ficar totalmente capacitada a executar suas tarefas?

Antigamente, as empresas tinham muito tempo. Na maioria das vezes, era possível antever o que estava por vir em termos de concorrência e demanda. Havia tempo para que uma hierarquia de responsáveis pelos processos decisórios planejasse, controlasse e verificasse e as pessoas que realmente executavam o trabalho ficavam relegadas à camada inferior dessa hierarquia. A principal idéia subjacente à organização industrial era simplificar ao máximo cada tarefa. Agora, vale o contrário: a capacidade de antever o que está por vir é altamente limitada; não temos mais tempo para esperar decisões e diretrizes dos chefões. Cada membro da empresa deve ser capaz de tomar as decisões necessárias por si próprio, dentro da estrutura que toda empresa almeja e objetiva. É claro que isso exige aprendizado contínuo por parte de cada indivíduo, principalmente em três áreas:

Primeiro: O indivíduo deve estar sempre consciente do significado da idéia empresarial, para que possa determinar o que se adequa e — talvez o mais importante — o que não se adequa à idéia empresarial.

Segundo: O indivíduo deve estar sempre ciente das suas ações e avaliar se estão contribuindo para a operação como um todo — como está ajudando a empresa a atingir seus objetivos. Esta área também inclui o conhecimento das regras da empresa e um entendimento de como essas regras devem ser alteradas quando a empresa deixa de ser uma organização controlada de cima para baixo e passa a ser uma organização onde a responsabilidade é delegada. Um fator importante é o papel mutável dos funcionários: em vez de serem o braço subordinado aos responsáveis pelas decisões centrais e executivo, devem servir como consultores para as funções de linha.

Terceiro: O indivíduo deve constantemente aprofundar e ampliar seus próprios conhecimentos.

Estas são as principais áreas do que se chama atualmente de desenvolvimento de *expertise* (embora atividades como recrutamento externo e aquisição de empresas também estejam incluídas neste caso).

Uma questão altamente interessante é como o aprendizado contínuo pode ser "embutido" nas operações da empresa, ou seja, como o trabalho pode ser organizado de forma a estimular o processo de aprendizado. (Vide as ilustrações de "antigamente" e "atualmente" na figura anterior.) Se o propósito do ensino for criar condições para o aprendizado em sala de aula, então o propósito da organização e liderança deve ser criar condições para o aprendizado em uma empresa (gerenciamento pelo aprendizado).

Os princípios para o aprendizado que analiso nas seções que se seguem são válidos, portanto, tanto para o aprendizado em uma empresa quanto para o aprendizado em uma sala de aula ou situação de estudo.

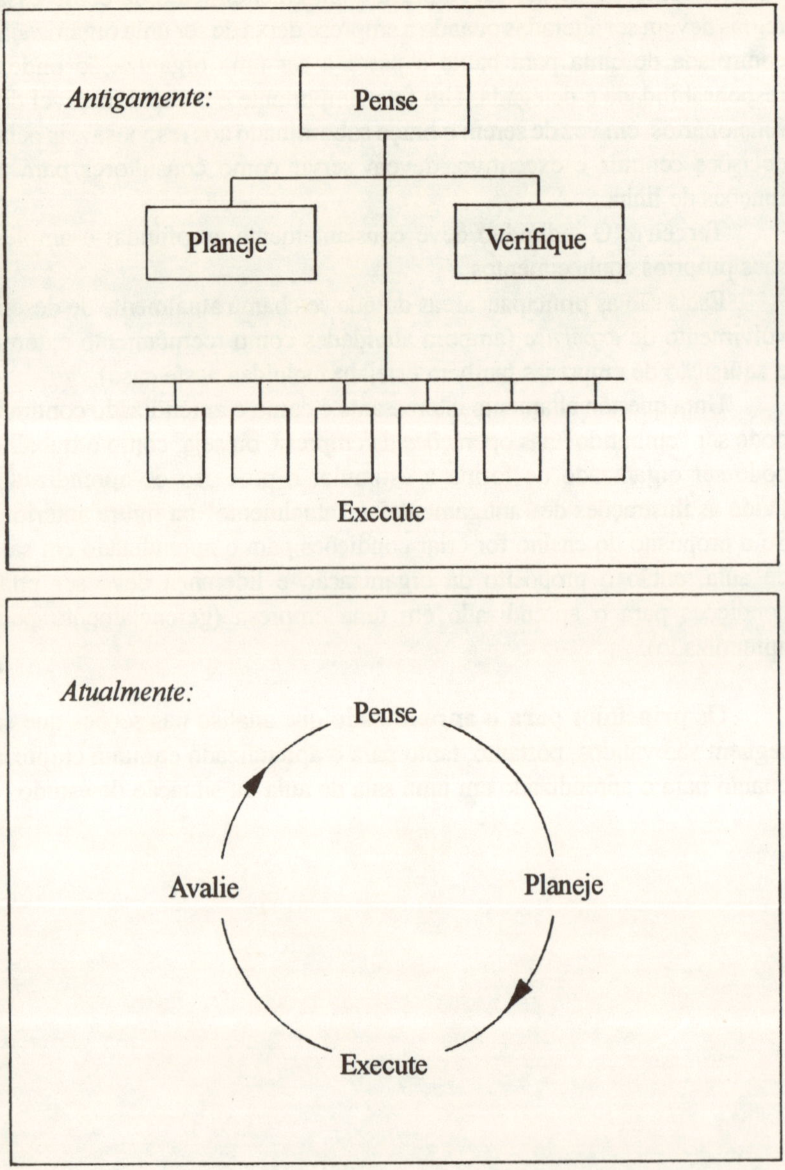

"Antigamente" e "atualmente". Só se pode desenvolver expertise *se o aprendizado (o processo de aprendizado) for incluído nas tarefas de cada indivíduo.*

2.

A estrada para o conhecimento

Se conhecer as condições para o aprendizado, você poderá exigir mais da situação de aprendizado.

Autoteste

Quando se trata de conhecer as condições para o aprendizado, a fonte de conhecimento mais importante é você; quando se trata do seu próprio processo de aprendizado, ninguém tem mais experiência do que você. Mas você talvez ainda não tenha aprendido a interpretar e a tirar conclusões das suas experiências e dar-lhes "nomes" que possam guiá-lo quando estiver fazendo um curso ou estudando por conta própria.

Quando dizemos que há obstáculos ao aprendizado, o que estamos dizendo na verdade é que as condições de aprendizado não estão adequadas. Podemos ilustrar melhor esta situação com um exemplo concreto.

Vamos começar com uma experiência de aprendizado, da qual você está convidado a participar. Seu objetivo é ilustrar algumas das principais características da educação formal cuja compreensão será mais fácil se, recentemente, você tiver tido uma experiência própria que lhe dê respaldo.

Teste seu próprio aprendizado

O primeiro teste foi criado para mostrar como o aprendizado pode se dar. Leia as cinco partes uma de cada vez. Conclua cada parte antes de passar para a seguinte.

Parte 1

A

B

A e B são duas moedas do mesmo tamanho. A moeda A gira em torno da borda da moeda B. A moeda B fica totalmente inerte.

Pergunta: Quando a moeda A tiver terminado a circunferência da moeda B e voltar ao ponto de partida, quantas revoluções a moeda A terá feito em torno de seu próprio eixo? (Assinale sua resposta.)

- ❑ Uma
- ❑ Duas

Parte 2

Vamos partir do princípio de que a resposta correta seja duas. A moeda A girou duas vezes em torno de seu próprio eixo. A explicação é que a moeda A faz duas coisas ao mesmo tempo. Não só gira como conseqüência de rodar em torno da moeda B, como também faz uma outra volta de 360°, somando mais uma revolução. Portanto, a resposta é duas. Verdadeiro ou falso?

- ❑ Verdadeiro
- ❑ Falso

Parte 3

Quando respondeu "verdadeiro" ou "falso" na parte 2, você entendeu por que a resposta correta era ou não era duas voltas?

- ❑ Não
- ❑ Acho que entendi
- ❑ Sei que entendi

Parte 4

Se você ainda não tiver certeza da resposta correta, pegue duas moedas e faça o teste, até ter certeza de ter entendido. Não prossiga até ter total certeza.

Parte 5

Agora, verifique a "qualidade" do seu conhecimento: a moeda C tem a metade do tamanho da moeda D. Em outras palavras, seu diâmetro e, portanto, sua circunferência são metade da moeda D. A moeda C gira em torno da borda da moeda D. A moeda D fica totalmente inerte.

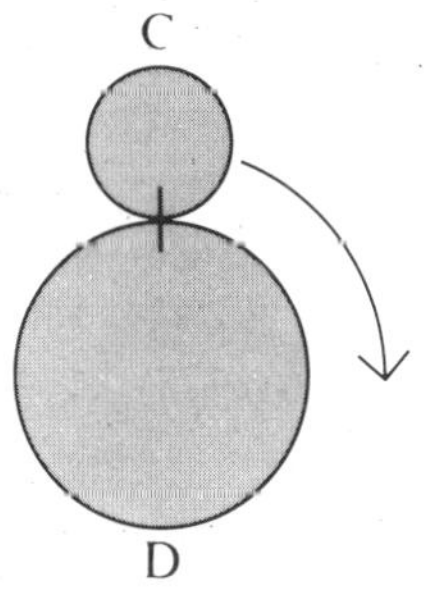

Pergunta: Quando a moeda C tiver concluído a volta em torno da moeda D e voltado ao ponto de partida, quantas revoluções a moeda C terá dado em volta do seu próprio eixo? (Assinale sua resposta.)

- ❑ Duas
- ❑ Três
- ❑ Quatro
- ❑ _________ (mais de quatro)

Comentários: A resposta correta é três vezes — duas voltas, pois a circunferência de D é duas vezes maior, mais uma volta, já que a trajetória da moeda C forma um círculo. Antes de prosseguir, reflita um pouco sobre o que ajudou e o que atrapalhou seu aprendizado.

Experiências: O seu desempenho neste exercício depende do tempo que teve ao seu dispor, do seu interesse e da sua experiência anterior — em outras palavras, de todos os fatores que normalmente influenciam o aprendizado. Eis alguns possíveis resultados e interpretações sugeridas. Você reconhece algum?

— Você concluiu todos os exercícios sem dificuldade. Em outras palavras, demonstrou interesse e capacidade.
— Você teve de se empenhar, pensando e verificando cada passo. Em outras palavras, demonstrou interesse e energia.
— Você achou que o exercício não era importante e pulou-o. Em outras palavras, não demonstrou nem interesse nem expectativa.
— Você pulou o exercício porque geralmente não é muito bom neste tipo de exercício. Em outras palavras, você carece de autoconfiança.
— Você desistiu depois de um tempo, pois sentiu que a informação era ambígua demais. Em outras palavras, você não demonstrou muito interesse em vencer a ambigüidade das informações.
— Você já conhecia as respostas antes de começar. Em outras palavras, não demonstrou interesse porque não tinha nada a ganhar.
— Você colou, pulando o exercício e olhando as respostas. Em outras palavras, demonstrou uma certa curiosidade, mas não o suficiente para fazer o exercício.
— Você ainda não entendeu, embora se lembre das respostas "duas vezes" e "três vezes". Em outras palavras, você se lembra, mas ainda não aprendeu.
(Muitas pessoas confundem "lembrar" e "entender" no contexto do aprendizado.)

Mas o mais interessante desta lista é que serve como um **inventário** de como a maioria de nós normalmente reage em diferentes tipos de situações de aprendizado.

Voltemos ao modelo do processo de aprendizado e vamos tentar descobrir quais são os obstáculos mais comuns — o que é de importância crucial em cada uma das cinco etapas. E vamos fazer isso com a ajuda de um teste como o que você acaba de concluir. Você pode usá-lo para testar o que normalmente é mais crítico para você.

Nas próximas páginas (69-75), você encontrará onze breves textos (artigos, descrições, explicações) de diferentes tipos. São, de certa forma, semelhantes ao tipo de informação geralmente oferecido no material de treinamento de muitas empresas, mas neste caso foram modificados para servir como simples ilustrações de diferentes condições de aprendizado. Esses textos vêm acompanhados de uma série de perguntas — na forma de um teste de conhecimentos (!) — e depois por comentários que incluem conclusões relativamente genéricas sobre as condições de aprendizado.

Você pode usar estes exemplos para descobrir o que influencia seu processo de aprendizado.

Exemplos

Instruções

1. Leia e estude os textos e ilustrações das páginas seguintes durante 15-20 minutos.
2. Em seguida, descubra quanto realmente aprendeu respondendo às perguntas das páginas 77 a 80.

1. QUAL É O VALOR DE x?

Na figura, vemos um círculo contendo um retângulo, do qual um lado localiza-se no centro do círculo e o lado oposto, na periferia. A figura indica que a diagonal do retângulo tem 5 unidades de comprimento. Qual o comprimento de x?

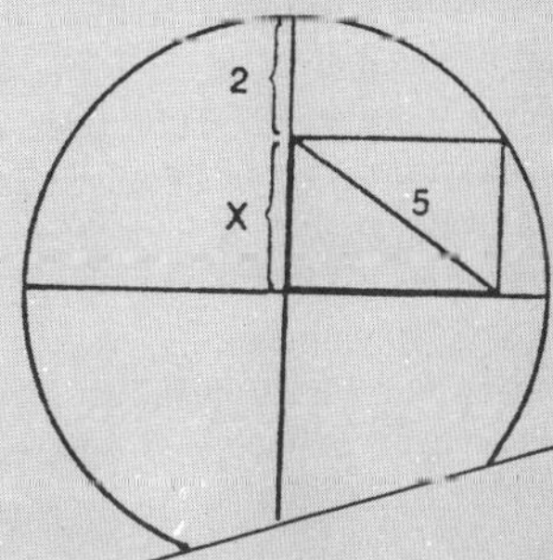

Já que as duas diagonais do retângulo têm o mesmo comprimento, podemos descobrir o raio do círculo e, de posse desta informação, fica fácil ver que x é igual a 3.

2. DO PRESIDENTE

No ano que vem

Está ficando cada vez mais difícil prever as mudanças que ocorrerão no mundo em que vivemos e, no futuro, teremos de manter níveis ainda mais altos de presteza e flexibilidade. Não podemos mais simplesmente ficar em dia com os avanços; temos de ficar um passo à frente. Ao nos concentrarmos no cliente, podemos aumentar nossa vantagem competitiva. Isso exigirá que melhoremos a qualidade, sem permitir que os aumentos de custos diminuam nossa lucratividade. Estou convencido de que teremos sucesso mas, para isso, todos, de todos os departamentos, devem estar dispostos a trabalhar com afinco para alcançar as metas pelas quais a empresa como um todo está lutando.

Presidente

3. RETÓRICA

A arte clássica de falar em público (retórica) oferece uma riqueza de modelos e conceitos sobre a estruturação de um discurso eficaz. Eis um exemplo das principais características de um bom discurso.

O EXÓRDIO (introdução) é feito para despertar o interesse e dar ao público uma impressão favorável do falante, bem como para proporcionar ao público uma idéia do assunto e natureza do discurso.

A ele, segue-se a NARRAÇÃO, o tópico do discurso. Pode assumir a forma de uma descrição ou narrativa.

O próximo estágio é chamado de PROPOSIÇÃO. O orador apresenta uma conclusão ou hipótese que possa ser testada intelectualmente.

Na ARGUMENTAÇÃO, são apresentados argumentos racionais para apoiar a conclusão.

O discurso é concluído com a PERORAÇÃO, um resumo cujo objetivo é persuadir as pessoas a tomarem uma atitude.

4. A ARTE DE MATAR CORVOS

Como livrar seu quintal dos corvos

'Primeiro, faça cones de papel e revista seu interior com cola de pássaro. Coloque um pedaço de carne crua dentro dos cones e enterre-os no chão ou na neve, onde se juntam os corvos. Quando o corvo tentar pegar a carne com o bico, o cone ficará preso a sua cabeça, impedindo-o de ver. Sua reação normal é voar o mais alto que puder. Em seguida, ele cai no chão e geralmente morre."

(Do livro de Sven Nilsson intitulado *A Fauna da Escandinávia*)

As figuras criam muitas associações; portanto, é mais fácil lembrar de uma série de figuras se elas tiverem algo em comum, como estas.

6. A CITAÇÃO

"A pessoa que não tem informação não pode aceitar qualquer responsabilidade.
A pessoa que tem informação não pode deixar de aceitar responsabilidade."

Jan Carlzon
Presidente da SAS

8. UM MODELO FINANCEIRO

Esta figura mostra as relações entre os termos financeiros básicos usados em uma empresa.
Também indica diferentes formas de influenciar os lucros. Quais são elas?

A parte de cima da figura mostra como o lucro é calculado.

A parte de baixo mostra o capital que está sendo usado.

O retorno do investimento é o percentual de lucros do capital total.

7. ORÇAMENTO

A maioria das grandes empresas começa a fazer seu orçamento no início do ano.

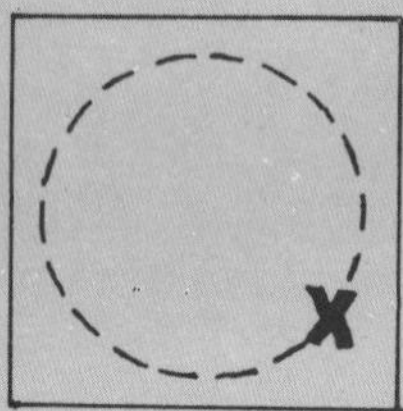

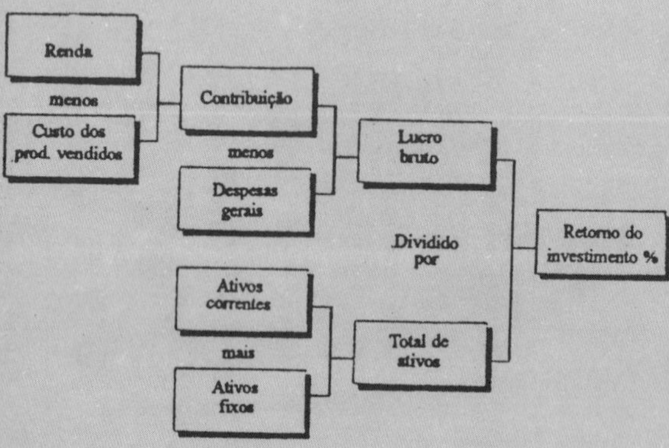

9.

O RETRATO

Esta charada tornou-se clássica:

Um homem (A) aponta para uma foto e diz: "O pai desse homem é filho único do meu pai." De quem é a foto?

Já que estamos falando sobre "esse homem", a foto não pode ser do homem A. O cérebro pode ter dificuldade em manter as linhas de raciocínio separadas e concluir fácil (e incorretamente) que o homem está apontando para uma foto sua.

10. GESTALTS

O cérebro está sempre tentando criar "todos" significativos. Mesmo que você tenha apenas algumas partes de uma figura, seu cérebro preencherá as partes que faltam.
Este todo é chamado de *gestalt*.

Pensamentos
A história em quadrinhos que se segue é um exemplo de gestalt — uma idéia, um pensamento, um conceito. Mas a gestalt não está completa; escondemos a última linha. ***O que disse o irmãozinho de Tiger? Como você concluiria a fala?***

Figuras
Esta figura é um outro exemplo de uma gestalt incompleta.
Você consegue ver a vaca na figura?

11. QUANTAS PARTIDAS DE TÊNIS?

Haverá um torneio eliminatório de tênis de uma única rodada com dcz participantes. Consulte a programação. No final do torneio, haverá um vencedor e nove perdedores. Portanto, podemos concluir que serão jogadas nove partidas — o mesmo número de partidas e de perdedores. A programação de jogos confirma esta conclusão.

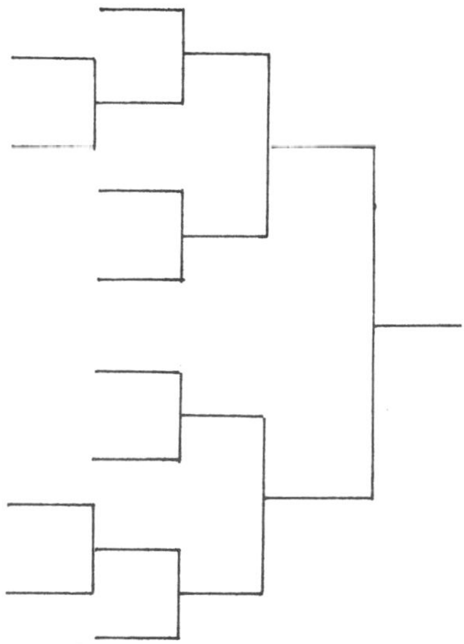

Perguntas

Eis uma série de perguntas sobre os onze exemplos das páginas anteriores.
O que você aprendeu?

Os comentários e conclusões estão nas páginas 81 a 94.

1. QUAL É O VALOR DE x?

A. Qual o comprimento de x?

RESPOSTA: ____________________

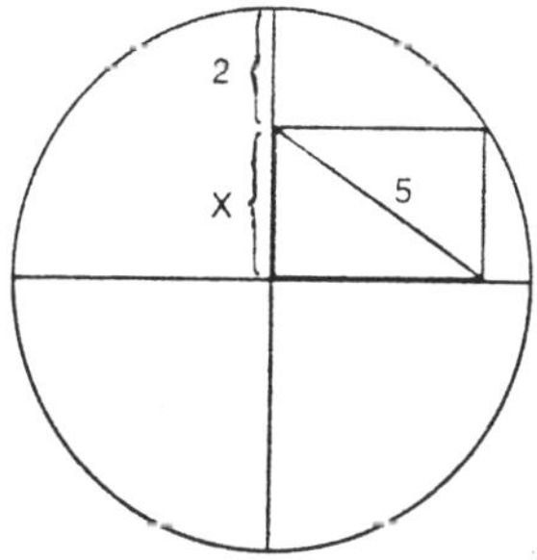

B: Eis um exercício semelhante: Na figura, vemos um quadrado desenhado dentro de outro quadrado, que se encontra dentro de um círculo. O lado do quadrado menor tem sete unidades de comprimento. Qual é o raio do círculo?

RESPOSTA: ____________________

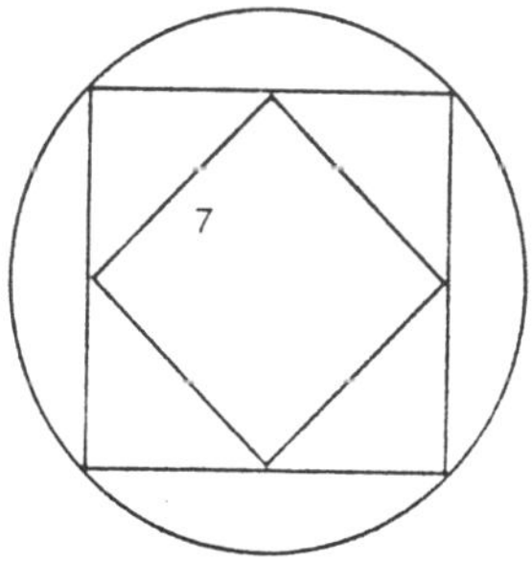

2. DO PRESIDENTE

O que o presidente da empresa está tentando dizer na sua carta? Qual é a mensagem mais importante?

RESPOSTA: ____________________

____

3. RETÓRICA

Quais são os cinco estágios da retórica mencionados no texto?

RESPOSTA: ______________________________

____

____

____

____

4. A ARTE DE MATAR CORVOS

O texto descreve um método para livrar-se de corvos. Faça um desenho instrutivo para ilustrar o texto.

RESPOSTA:

5. TRÊS FOTOGRAFIAS

O que estas três fotos têm em comum?

RESPOSTA: ______________________________

6. A CITAÇÃO

O que Jan Carlzon está querendo dizer na sua citação sobre **responsabilidade**?

RESPOSTA: ____

____

7. ORÇAMENTO

A legenda da figura dizia: "A maioria das empresas começa a fazer seu orçamento no início do ano." Mais ou menos em que mês isso seria?

RESPOSTA: ____

8. UM MODELO FINANCEIRO

Quais os efeitos sobre a lucratividade ("Retorno do investimento") nos seguintes casos, partindo-se do princípio de que o resto continue idêntico? Indique sua resposta com um sinal de mais ou de menos, conforme aparece no exemplo.

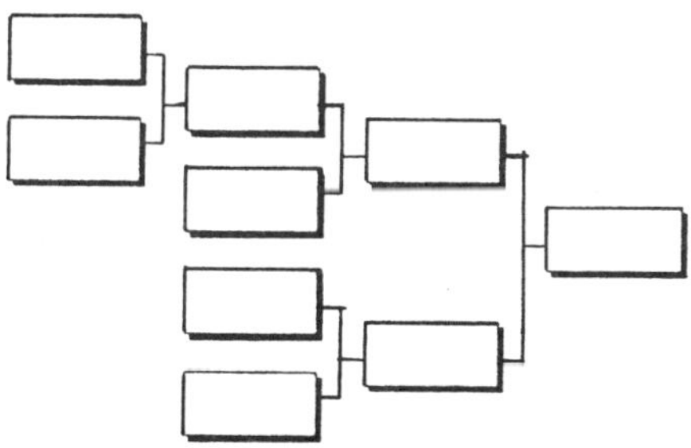

O que acontece com a lucratividade quando:

— O custo dos produtos vendidos diminui?	(+)
— A margem de contribuição aumenta?	( )
— Os ativos correntes diminuem?	( )
— Os lucros aumentam?	( )
— O capital total aumenta?	( )
— O preço aumenta?	( )
— O capital imobilizado aos ativos fixos aumenta?	( )

9. O RETRATO

O homem aponta para o retrato e diz: "O pai desse homem é filho único do meu pai." De quem é a foto? Explique a lógica subjacente à sua resposta.

RESPOSTA: ______________________________________

____

10. GESTALTS VISUAIS

"Idéias":

Que idéia ou pensamento a história em quadrinhos estava tentando ilustrar?

RESPOSTA: ______________________________________

"Imagens":

Faça um desenho da vaca que você vê na figura.

RESPOSTA:

11. QUANTAS PARTIDAS DE TÊNIS?

A. Haverá um torneio eliminatório de tênis de uma única rodada com dez participantes. Quantas partidas serão jogadas?

RESPOSTA: ______________________________________

B. Haverá um outro torneio de tênis com 100 participantes. Quantas partidas serão jogadas?

RESPOSTA: ______________________________________

Conclusões

Qual foi sua reação a esta experiência de aprendizado? O exercício foi usado em cursos sobre aprendizado e observamos uma ampla gama de atitudes com relação a ele. Eis alguns exemplos:

1. Uma chance de testar "capacidade mental".
2. Pouca inclinação a participar ("Vá direto ao assunto!").
3. Desconfiança — a pessoa realmente não quer saber ou está com medo de que seja um truque (!) e ele revele alguma coisa.

Portanto, a atitude inicial da pessoa define os limites quanto ao que pode aprender com o exercício. Esta lição em si é muito importante. As reações aos exercícios isolados também variam muito. Eis alguns exemplos:

Detesto problemas de matemática. — Exercícios como este me deixam nervoso. — Eu sabia isso. — Não vale a pena investir energia em conhecimento sem sentido. —Me lembro da resposta, mas nunca consegui entender. — Tive dificuldade em me concentrar. — Não dediquei o tempo necessário ao exercício. — Essa não é minha área. —Foi interessante e, por isso, fácil. Não dei a mínima se conseguia fazer ou não. —É mais difícil aprender do que se pensa. —É mais fácil aprender do que se pensa.

Eis as respostas "corretas" (esperadas) e uma tentativa de interpretar os principais tipos de obstáculos que ocorrem na instrução e aprendizado formais. (Dizemos "tentativa" pois, na prática, o número de possíveis interpretações é infinito.)

1. Qual é o valor de x?

A. Com base apenas na descrição, podemos deduzir que x é igual a 3.

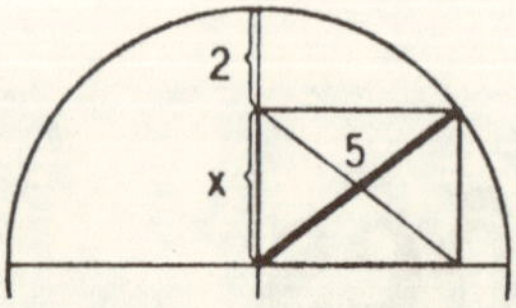

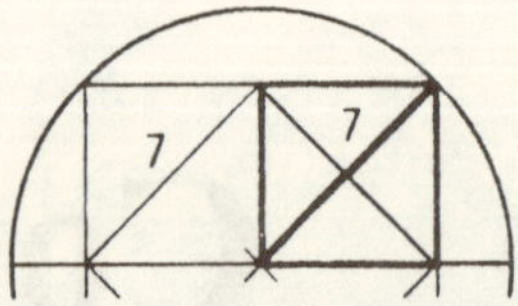

A diagonal = o raio = 5.
Então, x = 5 - 2 = 3.

A diagonal do quadrado menor = o raio = 7.

B. As diagonais do quadrado pontilhado têm o comprimento igual a 7; portanto, o raio do círculo também é 7. Se você entendeu a resposta do primeiro problema, pode aplicar a mesma "idéia" para resolver o segundo problema. Examine a figura.

Sua avaliação:

- ❑ Errei.
- ❑ Respondi à pergunta A mas não respondi à pergunta B.
- ❑ Respondi às duas perguntas (aprendi ou já sabia).

Mas o interessante é saber se você se deu ou não ao trabalho de tentar resolver os problemas — seja simplesmente porque não está interessado em problemas matemáticos deste tipo, seja porque tem um bloqueio mental decorrente de experiências negativas com tais problemas no passado. ("Não consigo fazer problemas como este.") Já notei que vários dos outros exercícios produzem a mesma reação.

Conclusão: As pessoas que acreditam nas suas próprias capacidades geralmente não se enganam. O mesmo vale para as que não acreditam.

É surpreendente o número de pessoas que têm bloqueios mentais ao aprendizado causados por experiências passadas negativas.

2. Do presidente

Obviamente, esta é uma pergunta capciosa. Mas, se partirmos do princípio de que o presidente sabe perfeitamente o que deve ser feito, então seus esforços são ainda mais trágicos, pois sua carta não dá ao leitor uma só pista.

Sua avaliação:

- ❑ Não me lembrei de nada.
- ❑ Pensei ter achado *uma* mensagem principal.
- ❑ Percebi que a mensagem era totalmente ambígua.

Quando um pronunciamento contendo mensagens contraditórias circula dentro de uma empresa, o leitor geralmente tenta "ver" *uma* das mensagens — a que melhor se coaduna com os outros sinais da gerência da empresa: se os investimentos, propaganda etc. mostram que a gerência está decidida a concentrar-se no cliente e melhorar a qualidade, então é isso que o leitor verá no texto.

Conclusão: A mensagem deve ser isenta de contradições para comunicar idéias.

Naturalmente, também há problemas quando a mensagem não é ambígua ("Nossos funcionários são nosso recurso mais importante"), mas as atitudes da gerência demonstram exatamente o contrário.

Nesses casos, as atitudes sempre falam mais alto do que as palavras. Já observei pais dando aos filhos adolescentes um último conselho antes de os filhos saírem numa noite de sexta-feira. Inclinados e apontando com o indicador no ar, dizem de forma penetrante: *"E lembre-se — confio em você!"* Obviamente, a mensagem que os jovens recebem é exatamente o oposto e se os pais recorrerem a esta tática em muitas situações diferentes, podem simplesmente concluir que os pais não confiam neles.

Este é um exemplo de meta-aprendizado (meta = além) e acontece o tempo todo. Não é raro um conferencista e um autor falarem com superioridade com seus alunos, tratá-los como "menos inteligentes". O risco é que a única lição que os alunos aprenderão é que "Não me consideram qualificado". Ainda: o que me dizem do aluno a quem fizeram a pergunta "Qual foi a coisa mais importante que aprendeu no curso de economia?" Ele respondeu: "Bem, aprendi que economia é um assunto incrivelmente chato". "Você não aprendeu mais nada?" "Aprendi; aprendi que não sabia o que eu achava que sabia."

3. Retórica

Respostas corretas:

EXÓRDIO
NARRAÇÃO
PROPOSIÇÃO
ARGUMENTAÇÃO
PERORAÇÃO

Sua avaliação:

- ❑ Não me lembrei de nada.
- ❑ Lembrei de alguns dos termos técnicos.
- ❑ Aprendi (ou já sabia) o processo de pensamento e os termos técnicos.

Este é um exercício difícil. Para muitas pessoas, não tem o mínimo significado. É por isso que é difícil lembrar das informações e, acima de tudo, aprender. Além disso, inclui uma série de palavras estranhas que provavelmente têm pouco sentido para o leitor. (Na verdade, foi um pouco injusto da nossa parte apresentar propositadamente este assunto interessante de uma forma tão chata.)

Conclusão: Antes que se dê o aprendizado, a forma e o conteúdo da informação têm de corresponder a um objetivo, interesse ou necessidade por parte do receptor.

Mas descobrimos que, apesar das dificuldades inerentes, muitas pessoas conseguem entender a idéia que o autor está tentando passar e ver as semelhanças entre os dados e as cinco etapas do processo de aprendizado. Em outras palavras, elas aprendem alguma coisa sobre o assunto, sem talvez prestar muita atenção nos "rótulos" — nas palavras "exórdio", "narração" etc. Portanto, um "teste de conhecimentos" que peça os nomes desses termos técnicos indicaria incorretamente que o sujeito do teste não havia aprendido.

Por outro lado, se o sujeito do teste consegue dar nome aos cinco termos técnicos, isso significa automaticamente que aprendeu? É claro que não. E este é um erro comum cometido na educação tradicional, onde o resultado — aprendizado — muitas vezes ainda é avaliado dessa maneira.

4. A arte de matar corvos

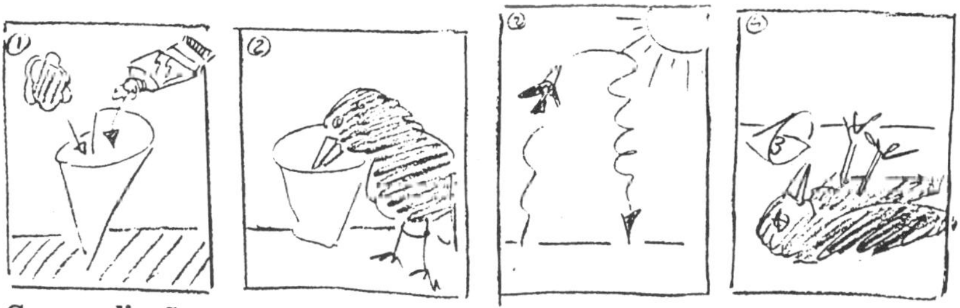

Sua avaliação:

- ❑ Errei totalmente.
- ❑ Lembrei vagamente.
- ❑ Aprendi o método.

Você provavelmente se lembra das instruções, talvez até mesmo de forma detalhada, já que a crueldade desse método de matar corvos causou-lhe uma impressão tão forte. O novo termo "cola de pássaros" (seja lá o que isso signifique) também tende a ajudar as pessoas a lembrarem.

Conclusão: O que aprendemos também depende da impressão (positiva ou negativa) que fica após a apresentação.

Além disso, o que aprendemos deste exercício depende do contexto no qual é apresentado. Em seu livro *A arte da leitura e da redação*, Olof Lagerkrantz discute a passagem citada aqui e argumenta que outro título teria dado ao texto outro significado. Se o título passasse a ser "O risco de ficar cego pelas ambições carreiristas e pelo desejo de poder", nossa interpretação do texto e, portanto, nossas conclusões e o que aprendemos seriam totalmente diferentes.

5. Três fotografias

Este exercício nos leva às mesmas considerações que o exercício acima sobre os corvos. Eis três resultados comuns:

1. Você se lembra das figuras (ou de algumas), mas não vê nenhuma relação entre elas.
2. Você parece se lembrar de que há três objetos em cada figura. (?!)
3. Você vê nas figuras três diferentes tipos de riscos à saúde e ao meio ambiente.

Sua avaliação:

- ❑ Não me lembro de nenhuma figura.
- ❑ Lembro-me das figuras, mas não vejo nenhuma relação entre elas.
- ❑ Lembro-me das figuras e descobri algo em comum entre elas — o meio ambiente.

A última interpretação é a mais comum; portanto, deixem-me falar sobre ela. O interessante é como as pessoas no início da década de 60 teriam reagido às mesmas figuras:

1. A fumaça na fábrica indica que a indústria está indo de vento em popa e que o país está prosperando.
2. Naquela época, a fumaça era símbolo de liberdade e independência. (Lembre-se que a ligação entre fumaça e câncer de pulmão só se tornou conhecida pelo público em meados da década de 1960. Antes disso, podia-se até ver anúncios nos quais os médicos falavam sobre os benefícios da sua marca de cigarros favorita e as crianças que liam *Pato Donald* eram convidadas a descobrir quantos charutos Donald, Tio Patinhas e Peninha fumavam juntos.)
3. O conjunto de prédios de apartamentos altos era visto como um símbolo saudado da batalha contra a escassez de moradias e favelas.

Em suma: na década de 1960, três exemplos de bem-estar e progresso. Hoje em dia, três exemplos de ameaças ao bem-estar e ao progresso.

Olhe para este exercício simbolicamente. Interpretamos todas as informações com base nos nossos próprios valores, experiências e conhecimento. Quando, como no exemplo, o intervalo de tempo é de trinta anos, os resultados talvez sejam mais chocantes, mas esse fenômeno encontra-se bastante presente em todas as situações de aprendizado. Um exemplo, no outro extremo, é a nossa visão do termo "produtividade". É bem provável que o supervisor de uma linha de montagem tenha aprendido durante toda sua vida profissional que produtividade significa utilização máxima da maquinaria e da mão-de-obra.

Portanto, quando a empresa começa a ensinar diferentes métodos para aumentar a confiabilidade na entrega e reduzir o capital imobilizado, há muitas mensagens que destoam das atitudes e experiência básicas do supervisor. Neste caso, ensino e aprendizado se dão em dois mundos conceituais diferentes (paradigmas) e o resultado será a falta de entendimento, de aprendizado e um quê de desconfiança. É ainda mais sério quando uma experiência negativa faz com que o aluno perca a fé no conhecimento que já tinha. Isso é chamado de "aprendizado negativo".

Minhas experiências convenceram-me totalmente de que a eficácia do treinamento pode aumentar muito se, acima de tudo, ajudarmos os participantes a examinar e reavaliar seus mundos conceituais e, portanto, torná-los mais receptivos a alternativas. Só então devemos nos debruçar sobre quais as possíveis conseqüências de uma mudança de atitude. Tentar prosseguir na ordem inversa (o mais comum) pode ser um processo lento, difícil e frustrante.

Conclusão: Nossas experiências e valores mudam com o decorrer do tempo e influenciam a interpretação e avaliação das informações que recebemos.

6. A citação

Interpretada de *uma* forma, a citação de Jan Carlzon é bastante trivial: "Você precisa de informação antes de aceitar qualquer responsabilidade". Mas esta interpretação não abarca toda a história, pois Carlzon vai mais fundo: A pessoa que tem informação aceita automaticamente a responsabilidade, ou seja, ela não precisa ser convencida a aceitar a responsabilidade e não precisa ser supervisionada ou monitorada de qualquer forma tradicional. Esta noção tem implicações importantes.

Sua avaliação:

- ❑ Não me lembro de nada.
- ❑ Lembro-me de que tinha a ver com informação e responsabilidade.
- ❑ Pensei no que o texto realmente estava querendo dizer (conforme analisado no parágrafo anterior).

Citações como esta muitas vezes ilustram de forma concisa idéias e atitudes de peso, mas podem facilmente transformar-se em "palavras vazias", pois tendemos a interpretar as coisas de acordo com o que podemos fazer e com o que realmente acreditamos. Por exemplo, muitas empresas formulam uma "missão", "visão" ou "idéia empresarial" e depois enfatizam a importância de sua compreensão por todos. Mas nós raramente temos qualquer ajuda para interpretar o que significa para nós em termos práticos — quando se trata de tomar medidas e decisões quanto as nossas tarefas diárias. A ausência deste auxílio resulta em um amplo espectro de possíveis interpretações e nós naturalmente escolhemos a que dá ao pronunciamento o significado que mais nos beneficia. Portanto, realmente não aprendemos nada.

Conclusão: Tendemos a interpretar as conclusões das outras pessoas da forma que melhor se adeque as nossas expectativas e necessidades.

7. Orçamento

A maioria das pessoas diria abril ou maio sem pestanejar. Isso mostra o poder da nossa memória visual.

Sua avaliação:

- ❑ Não me lembro.
- ❑ Não consigo me lembrar sem olhar a figura.
- ❑ Pensei e decidi que a figura poderia ser interpretada de formas diferentes.

Mas algumas pessoas não vêem o ano desta forma, como um círculo com 1º de janeiro no topo (12 horas) e com o tempo correndo no sentido horário. Há muitas outras formas de imaginar o ano e algumas são exemplificadas na ilustração:

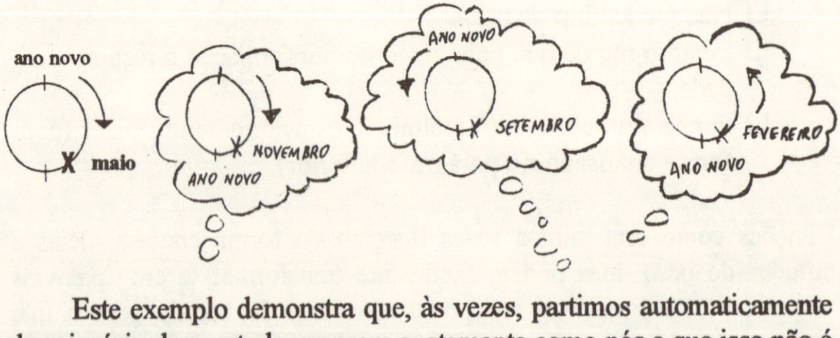

Este exemplo demonstra que, às vezes, partimos automaticamente do princípio de que todos pensam exatamente como nós e que isso não é sempre assim.

Conclusão: Pessoas diferentes criam diferentes imagens de conceitos abstratos.

É por isso que às vezes é frustrante ser "forçado" a aceitar as imagens e metáforas das outras pessoas. Os textos sobre gerenciamento e liderança tendem a ser repletos destes recursos, mas muitas vezes não funcionam da forma esperada — como auxílios na sistematização da compreensão do leitor. Diversos tipos de gráficos também provocam a resistência de algumas pessoas, mesmo que o autor tenha se esforçado para mantê-los simples. Um único tipo de imagem simplesmente não é adequado a todos. O exemplo a seguir fala mais sobre essa questão.

8. Um modelo financeiro

As respostas corretas, partindo-se do princípio de que todos os outros fatores permaneçam idênticos, são (+ = lucratividade aumenta; – = lucratividade diminui):

— O custo dos produtos vendidos diminui	(+)
— A margem de contribuição aumenta	(+)
— Os ativos correntes diminuem	(+)
— Os lucros aumentam	(+)
— O capital total aumenta	(–)
— O preço aumenta	(+)
— O capital imobilizado aos ativos fixos aumenta	(–)

Sua avaliação:

- ❑ Não tentei ou errei.
- ❑ O modelo não me disse nada.
- ❑ Sabia todas as respostas (aprendi agora ou já sabia).

Alguns métodos de ensino exigem que o aluno já saiba a matéria que está sendo ensinada. Este exercício é um exemplo de um "modelo". Modelos como este são usados em todas as situações concebíveis (e às vezes inconcebíveis) para ilustrar diferentes tipos de relações e muitas vezes constituem um recurso intelectual importante ao aprendizado. Se você entendeu totalmente o modelo e os conceitos contidos nele, não terá dificuldade em responder a todas as perguntas feitas acima. Se não entendeu, terá mais dificuldade para responder a algumas das perguntas.

Já comentei este exemplo numa seção anterior, mas gostaria de repetir o que disse então: o processo de ensino, ou você enquanto aluno, deve tentar recriar o processo de aprendizado que resultou neste modelo. Estudar o modelo não o ajudará se você não possuir a experiência e o conhecimento subjacente.

Conclusão: A função primordial dos modelos teóricos é ajudar as pessoas a organizarem as experiências e os conceitos que já possuem.

Isso é extremamente importante, pois pessoas diferentes têm formas diferentes de obter compreensão: algumas precisam começar com exemplos práticos e concretos, ao passo que outras preferem linhas de raciocínio mais abstratas a fim de não ficar atoladas em detalhes.

9. O retrato

Então, quem é o homem do retrato? É o próprio homem, seu filho ou seu pai? Dica: só há uma resposta possível.

Sua avaliação:

- ❑ Não tentei ou errei.
- ❑ Acho que sei a resposta.
- ❑ Sei a resposta (descobri ou já sabia).

Há uma semelhança entre este e o exercício sobre as duas moedas: não basta que alguém nos diga a resposta; temos de refletir sobre o problema e chegar à nossa própria conclusão antes de alcançarmos o verdadeiro aprendizado e, conseqüentemente, conhecimento.

Conclusão: O aprendizado verdadeiro requer um esforço da nossa parte para chegarmos à verdadeira compreensão. O aprendizado exige raciocínio.

Na década de 1970, quando treinava professores, muitas vezes usei este exercício sobre o retrato para ilustrar como alguns métodos de ensino tendem mais a causar problemas do que a resolvê-los. Dividi os participantes em grupos e, para despertar seu interesse, disse: “Agora vamos ver qual grupo termina primeiro.” Mas havia uma armadilha: “Terminar” significava todos terem compreendido o raciocínio usado para chegar à resposta coletiva do grupo e todos serem capazes de me provar que realmente o tinham compreendido. Este exercício poderia levar horas.

Quando um dos membros do grupo pensasse que tinha encontrado uma solução para o problema, começaria imediatamente a "ensinar" os outros membros do grupo. Foram usadas imagens simbólicas e não foram poupados esforços na tentativa de fazer com que os outros compreendessem a solução. Freqüentemente, os "alunos" assentiam mostrando que estavam de acordo; mas continuavam completamente confusos. Quanto mais confusos os "alunos", mais gás o "professor" colocava nas suas explicações. Não havia indício do que eu esperava que eles tivessem aprendido no curso sobre condições de aprendizado. As vagas tentativas por parte dos mais confusos para obter ajuda dos que já tinham compreendido a solução resultaram imediatamente numa nova cascata de explicações e, em alguns casos, quando restava apenas uma pessoa a convencer, o lanterninha do grupo literalmente gritava (com boa dose de *insight*): "Fiquem calados e deixem que eu descubra sozinho!"

Em situação semelhante em certa grande empresa norte-americana, meu sempre compreensivo anfitrião ficou extremamente frustrado em determinado momento do exercício e me perguntou francamente se esta era uma forma razoável de gastar nosso tempo. Defendi-me dizendo: "Estou disposto a continuar fazendo a mesma coisa durante toda a semana; do contrário, qual a razão para termos começado essa história, para início de conversa?" Obviamente, estava sendo deliberadamente provocativo, mas a conclusão a que ambos chegamos um pouco mais tarde foi a seguinte:

Não inclua nada no material do curso, a não ser que pretenda usar o tempo e as oportunidades necessárias para que os participantes possam compreender e aprender. Inclua apenas o que for realmente importante e dê a essas coisas a atenção que merecem.

Como resultado, muitos cursos que estavam sendo oferecidos foram cancelados.

Ou, como me disse um cliente certa vez: "Antes, chegávamos a mostrar 68 transparências em meio dia. Com seus métodos, temos sorte quando conseguimos chegar a três em um dia. Que tipo de eficácia é esta?" Obviamente, neste caso, a questão é o padrão de medida utilizado. O que importa — o volume de informações apresentadas por hora ou o número de pessoas que realmente compreenderam e aprenderam?

10. Gestalts

Sua avaliação:

- ❑ Não lembro de nada.
- ❑ Lembro do que tratava o quadrinho mas não sei qual era a mensagem.
- ❑ Lembro do que se tratava e da mensagem.

O quadrinho sobre Tiger e seu cão foi apresentado anteriormente neste livro. Como você reagiu quando o viu desta vez? O que pode acontecer é que, na primeira vez que vemos uma analogia como esta, ela reafirma algo que já sabemos ou em que acreditamos. Contudo, mais tarde, depois de ter adquirido outras experiências relevantes, a mesma alegoria subitamente adquire maior valor, pois também serve como uma expressão dos novos conhecimentos adquiridos.

Conclusão: Às vezes, as novas informações ajudam a confirmar e reforçar "o que nós já sabemos".

A figura mostra como é a vaca. Depois de ver como ela é, é praticamente impossível não a identificar na figura.

Sua avaliação:

- ❑ Não vi a gestalt.
- ❑ Achei que vi uma vaca em algum outro lugar da figura.
- ❑ Vi a vaca e posso identificar suas principais características.

Pense neste exemplo como um lembrete de que, às vezes, precisamos de ajuda para visualizar o todo, a gestalt, quando partimos de apenas alguns elementos desvinculados de conhecimento. Às vezes, em minhas palestras, uso esta figura como símbolo da educação universitária. Durante muitos anos, os alunos aprendem fragmentos, fragmentos e mais fragmentos. Só muito mais tarde, quando estão exercendo suas profissões, alguns conseguem captar o todo — "ver a vaca".

Conclusão: Às vezes, precisamos de ajuda para ver determinadas gestalts.

Dos meus anos de escola, lembro-me especialmente como eram longas, complicadas e obscuras as demonstrações matemáticas que terminavam com um lacônico "de onde podemos deduzir facilmente que A=B". Nada encorajador — ou especialmente útil.

11. Quantas partidas de tênis?

A: Para cada dez jogadores de tênis, haverá nove partidas.

B: Para cada 100 jogadores de tênis, haverá 99 partidas. Em outras palavras, em um torneio de tênis, o número de partidas é igual ao número de perdedores.

Sua avaliação:

- ❑ Errei as duas respostas.
- ❑ Respondi à pergunta A mas não respondi à B.
- ❑ Aprendi agora ou já sabia.

Se você respondeu corretamente à pergunta B, é provável que aceite a conclusão de que o número de partidas é igual ao número de jogadores menos um; em outras palavras, ao número de perdedores. Para muitas pessoas, a resposta da pergunta B é 90 (!), demonstrando que chegaram à conclusão errada. Outras, que responderam à pergunta B corretamente, podem ficar confusas se o número de jogadores pular para, digamos, 498.

Portanto, neste caso, podemos ver todos os níveis de compreensão: desde "lembrar a conclusão" até "recusar-se a acreditar que é verdadeira, mesmo sendo verdadeira nestes exemplos específicos" ou "compreender e aceitar a conclusão".

Isso mostra que, se não tivermos a oportunidade de verificar a validade e a relevância do que pensamos ter compreendido (aprendido), o aprendizado não tem grande valor. A validade (qualidade) deste conhecimento será testada somente quando o organizador de um torneio de tênis tiver de definir os cronogramas e reservar as quadras para uma competição com 1261 jogadores. Ele acredita neste conhecimento e, portanto, na conclusão de que o número de partidas é 1260?

Conclusão: Antes de acreditar e usar novos conhecimentos, temos de confirmar sua validade através da experiência.

Chamamos este processo de internalização.

Obstáculos

Agora podemos relacionar os obstáculos discutidos nos exemplos ao processo de aprendizado e suas várias fases, a fim de obter um panorama mais geral dos obstáculos mais comuns ao aprendizado e dos locais onde surgem esses obstáculos durante o processo.

1. **A primeira condição para o aprendizado é atenção, curiosidade, interesse. Obstáculos típicos são:**
   — A instrução simplesmente não tem nenhum objetivo significativo.
   — O objetivo da instrução é difícil de discernir.
   — O aluno não tem um objetivo significativo.
   — O aluno não tem confiança em suas próprias capacidades.
   Exemplos: 1. O que é x? (e vários outros.)

2. **Em relação à informação, os obstáculos mais comuns são:**
   — Seleção ou conteúdo deficientes.
   — Informação inconsistente, contendo mensagens contraditórias.
   — Estruturas de referência diferentes dão significados diferentes às informações.
   — Forma incorreta — demasiadamente teórica, sem relação com as condições reais, aborrecida.
   — Linguagem complicada.
   — Terminologia obscura.
   — Apresentada na ordem incorreta (!)
   Exemplos: 2. Do presidente, 3. Retórica, 4. A arte de matar corvos, 5. Três fotografias, 6. A citação.

3. **O aluno tem de processar a informação antes de transformá-la em experiência e tirar conclusões. Os obstáculos no estágio de processamento são:**
— Falta de tempo (!)
— Falta de conteúdo, de material a ser processado.
— Falta de relação ou de uma relação clara entre os exercícios e o objetivo.
— Forma incorreta.
Exemplos: 7. Orçamento, 8. Um modelo financeiro, 9. O retrato.

4. **O aluno não será capaz de transformar experiências e conclusões intuitivas em conhecimento útil se:**
— A conclusão sugerida (conhecimento) conflitar com a conclusão intuitiva do aluno.
— As diferenças entre a estrutura de referência do aluno e o conhecimento forem demasiadamente grandes.
— A forma do conhecimento (modelo, formulação) for considerada inadequada.
— O aluno não for ajudado a transformar seus *insights* intuitivos em conhecimento intelectual (um processo chamado conceitualização).
Exemplo: 10. Gestalts.

5. **A aplicação e a utilidade que reforçam o conhecimento exigem:**
— A transferência do conhecimento adquirido na sala de aula à situação na qual ele deve ser utilizado.
— A oportunidade de utilizar (testar) o conhecimento no contexto pretendido.
Exemplo: 11. Quantas partidas de tênis?

Obviamente, o ideal é modificar o processo de aprendizado de uma forma que elimine todos estes obstáculos. Entretanto, o que devem fazer os alunos enquanto esperam que esse sonho se transforme em realidade? Até hoje, temos sido forçados a aceitar os obstáculos, lutar contra eles e tirar o melhor proveito da situação. Mas não precisa ser assim. Mesmo quando as circunstâncias parecem desfavoráveis, há muitas coisas que podem ser feitas individualmente para impedir que nos tornemos vítimas desses obstáculos. Aqui estão duas delas:

A primeira é estimular um diálogo contínuo entre alunos e professores para que, trabalhando juntos, possam aprimorar o processo e criar melhores condições de aprendizado.

A segunda é aplicar seus próprios métodos de aprendizado aos métodos de ensino que estão sendo utilizados.

É claro que essas duas medidas são necessárias.

No mundo todo, muitas pessoas já participaram das experiências de aprendizado mencionadas anteriormente, em grupos de quatro, cinco ou seis pessoas. Os resultados foram bastante diferentes em cada grupo — mesmo nos grupos que puderam ser caracterizados como "homogêneos" em termos de base, treinamento e interesses. Essas diferenças nos resultados confirmam a importância de não elaborar instruções para o "aluno típico", pois não existe um aluno típico. Independente disso, durante muitos anos, as instruções foram planejadas e criadas para um "estudante típico" dentro de um "grupo-alvo". Neste caso, partiu-se do princípio de que a distribuição dos outros alunos do grupo em torno do "aluno típico" siga uma curva normal e tentou-se criar elementos de "individualização" para contornar as diferenças. Se fizermos uma análise do ponto de vista estritamente lógico e imaginarmos que o conhecimento possa ser quantificado (medido em unidades), a pressuposição descrita acima é correta. Entretanto, estamos caminhando em direção a uma nova forma de olhar as coisas, na qual o conhecimento é avaliado qualitativamente. Por isso, em muitos lugares, as pessoas estão revisando a forma e o conteúdo dos conceitos de ensino mais básicos, buscando novas formas de avaliar os resultados e os efeitos das instruções oferecidas.

Uma visão nova e fundamental de educação está tomando forma.

Uma questão interessante nessa transição é entender se os resultados dos grupos teriam sido mais uniformes se, em vez de participar de uma experiência voluntária, os sujeitos da experiência estivessem estudando para um teste cujo resultado representasse, por exemplo, um aumento de salário. Acredito que sim, pois motivadores externos como estes (notas, salário) ou ameaças nos fazem "estudar com mais afinco". O problema é que o conhecimento adquirido dessa forma em geral é muito menos útil (e o processo de aprendizado muito menos agradável). Entretanto, como pretendo demonstrar, há meios de não precisarmos "dar uma virada", mesmo em circunstâncias desse tipo.

Vejo diante de mim 28 pequenos corpos contorcendo-se nas cadeiras. A professora está em pé na frente deles, olhando calmamente para o quadro-negro, desenhando o que parece ser um pequeno quadrado e resmungando...

> "*...comoaáreadeumretânguloéigualaocomprimentovezesalarguraeocomprimentoealarguradeumquadradosãoiguaisesãodenominadosladosaáreadeumquadradoéigualaocomprimentodeumdosladosvezeselemesmo...*"

Entenderam?

Observei essa cena há um pouco mais de dez anos, quando fui convidado para uma reunião na escola de meus filhos. E foi desanimador. Mais do que qualquer outra coisa, lembrou-me dos meus anos de escola. É assim que nós, crianças, imaginei, adquirimos o comportamento que exibimos como adultos nos cursos e palestras? É assim que aprendemos como nós, alunos e professores, devemos nos comportar?

Pessoalmente, não posso imaginar um ambiente mais desfavorável ao aprendizado do que as salas de aula tradicionais. São pobres, desprovidas de tudo o que possa ajudar a criar associações. A única janela para a realidade na sala é um projetor e a pessoa a quem chamamos de instrutor decide sozinha o quanto de realidade deve entrar pela janela e como essa realidade deve ser retratada. Transparências e mais transparências, contendo texto, círculos, quadrados e setas arrumados de formas diferentes que chamamos de modelos. E quando algumas pessoas (os poucos sortudos sentados tão perto do projetor que conseguem ver o que está escrito nas transparências) começam a entender o que está sendo mostrado, a transparência é retirada para dar lugar à próxima. As condições de aprendizado são ditadas pelo professor.

Ou, como diz uma anedota dos velhos tempos de escola:

— Bem, crianças, aprenderam alguma coisa hoje?
— Não, professora, estávamos ocupados demais ouvindo a senhora falar.

Freqüentemente sou criticado por esta descrição de educação. "Não é justa", eles dizem, "e chega a ser ofensiva. As coisas não são assim — pelo menos hoje em dia." Eles consideram essa descrição um insulto a todos os professores e conferencistas competentes.

Concordo com a última parte. O problema é que os professores e palestrantes que eu descreveria como competentes ainda são uma minoria. E esta opinião não se baseia no meu *status* de educador profissional, mas em minha longa experiência como aluno adulto, na qual as várias experiências recompensadoras que vivi serviram apenas para apontar as deficiências das muitas experiências desastrosas.

Este é um assunto delicado. Muitas pessoas encaram as críticas sobre sua capacidade de ensinar como críticas pessoais. Uma outra indicação de que esse é um assunto delicado é a docilidade das pessoas com personalidade normalmente forte quando se encontram no papel de alunos. Elas simplesmente ficam sentadas ali, sem protestar, jogando fora várias horas de seu tempo e, no final do curso (possivelmente), demonstram sua insatisfação com uma avaliação negativa. Mas já é tarde demais. Portanto, temos de nos perguntar se os próprios alunos não são os maiores culpados. Pessoalmente, acredito que, até certo ponto, isso seja verdade.

Uma situação típica: Os participantes estão trabalhando em grupos. O instrutor se aproxima dos membros de um grupo para ver o que eles estão fazendo. O líder do grupo vira para o instrutor e diz: "Era assim que você queria?" Afinal de contas, para quem eles estão fazendo o exercício?

Ou: "Não entendi nada do que foi dito nas últimas duas horas." "Por que você não disse nada?" "Bem, não quis interromper sua aula."(!)

Às vezes, tenho a impressão de que os alunos se comportam como se estivessem lá apenas para dar ao instrutor uma oportunidade de mostrar suas transparências.

Portanto, ao invés de partir para uma caçada às bruxas, acho que seria mais produtivo examinar e questionar as noções tradicionais que determinam nossa maneira de ensinar e deixar que nos ensinem — e analisar essas noções à luz das demandas atuais que alunos adultos e mais conscientes de suas próprias necessidades estão começando a criar em termos do que deve ser ensinado e como deve ser ensinado. Devemos questionar a idéia antiga de que a educação é um conjunto de *rituais*.

O que estou procurando é uma melhor interação entre professores e alunos no processo de ensino — um clima de cooperação em que as pessoas envolvidas abandonem seus rituais e papéis como professores tradicionais e alunos igualmente tradicionais —, papéis que nenhum deles realmente deseja! Estas expectativas indesejáveis em relação aos papéis desempenhados, que constantemente reforçam e são reforçadas por esses papéis, são a principal causa do baixo nível de eficácia da educação formal.

Reflexões de um aluno:

Porque o professor se comporta
da forma que ele pensa que eu penso que ele deva se comportar,
talvez eu me comporte
da forma que eu penso que ele pensa que eu deva me comportar,
embora nenhum de nós goste de se comportar
da forma que estamos nos comportando!

O novo aluno

A situação econômica dos últimos cinco anos foi uma das principais forças propulsoras do renascimento na educação. Demandas de maior eficácia e uso mais eficiente de recursos estão nos obrigando a procurar alternativas para os métodos atuais de ensino. Não foram incluídas revisões dos métodos de ensino e metodologias de trabalho em todas as medidas de austeridade que estão sendo adotadas mas, sempre que foram incluídas, foram incentivadas pela demanda de mais aprendizado com menos ensino por parte dos alunos e seus supervisores.

Podemos ilustrar o "aluno tradicional" e o "aluno moderno", mostrando como as pessoas agradecem seus instrutores ao final de um curso de uma semana de duração.

***Della**: Gostaria de agradecer este curso maravilhoso. Ralph e os outros instrutores fizeram um trabalho fantástico. Vocês foram maravilhosos. O curso foi excelente — útil e instrutivo — e tenho certeza de que, assim que chegarmos em casa e tivermos a chance de absorver tudo, obteremos imensos benefícios com o que aprendemos. Tenho certeza de que os outros concordam comigo.*

(Harry se levanta cuidadosamente. Ele também tem alguma coisa a dizer.)

***Harry**: Peço desculpas, mas tenho de discordar. Imagino que Ralph fique muito desapontado em saber como aprendi pouco nas últimas semanas. Este curso fez com que eu me sentisse burro, incompetente e incapaz, mesmo sabendo que Ralph realmente se esforçou. Ele fez o melhor que pôde, mas a questão é se nós fizemos o melhor que podíamos. O que finalmente compreendi é que se vou aprender alguma coisa, tenho* *de tirar minhas próprias conclusões, baseadas em minhas próprias experiências. Em outras palavras, preciso participar, participar de verdade.*

Como duas pessoas podem ter impressões tão diferentes dos mesmos acontecimentos? Estão falando do mesmo curso? Obviamente, a diferença é que avaliaram suas experiências de formas totalmente diferentes. Provavelmente, ambos estão falando de um curso (ou seminário, conferência, treinamento ou como você queira chamar) comum e bem conduzido. Estamos todos bastante familiarizados com o modelo: o instrutor fez o que se esperava que fizesse, os alunos fizeram o que se esperava que fizessem e, no final do curso, algumas palavras gentis para confirmar que este valeu a pena. O curso seguiu as normas, todos deram a si mesmos e aos outros notas suficientes para passar e voltaram para casa satisfeitos com seus esforços.

Entretanto, se analisarmos o curso sob um ponto de vista diferente, a descrição é exatamente oposta. "Me senti estúpido, incompetente e incapaz", diz Harry, revelando que suas demandas — não apenas em relação a si próprio — eram completamente diferentes. Ele está irritado porque todos tinham expectativas tão pequenas e está desapontado porque foi tão facilmente levado a desempenhar o papel tradicional de aluno. "Tive de tirar minhas próprias conclusões baseadas em minhas próprias experiências", disse quando percebeu finalmente quanto tempo tinha perdido na última semana.

Depois dessa introdução provocativa, Harry continuou a contar aos outros o que tinha aprendido por não ter aprendido. Falou de suas experiências na última semana e, no seu discurso, não é muito difícil identificar as principais condições para o aprendizado (para concluir o processo de aprendizado). Portanto, tente analisar o texto como a expressão de como uma pessoa pode perceber uma situação de estudo em que as condições para o aprendizado são deficientes.

“O que aprendi por não ter aprendido”

Harry: Sabe, tenho pensado muito durante as últimas semanas sobre por que estamos aqui e o que se espera de nós e acho que descobri o que estamos fazendo de errado — como alunos e como professores. Parem por alguns segundos e tentem lembrar como se sentiram quando chegamos aqui segunda-feira passada. Estávamos todos um pouco cansados da viagem, havia muita coisa nova e muitos rostos que nunca tínhamos visto antes. Ralph estava lá na frente, entramos e esperamos obedientemente a chamada.

Lembram-se? Todos estávamos absortos em nossos próprios pensamentos — e Ralph nos dele. Ele não estava pensando em nós; estava pensando em si mesmo e no que tinha planejado para fazer em seguida. E nós nos sentamos e deixamos que ele ditasse as regras — sem o menor sinal de protesto.

Por que fizemos isso? Porque desde os nossos tempos de escola fomos treinados a entregar ao professor toda a responsabilidade. A pessoa que está em pé lá na frente é quem decide.

Lembram-se do dia em que entramos na sala e havia compassos sobre nossas mesas? De repente, todos começamos a andar mais rápido.

E quando estávamos prestes a pegar os compassos, ele começou a gritar: *"Não toquem nos compassos! Eu disse, não toquem nos compassos! Não são brinquedos. São instrumentos de extrema precisão."*

É o suficiente para fazer qualquer um desistir e desligar. E, a partir daí, não se aprende mais nada. Descobri isso no primeiro dia. Obviamente, precisamos de uma oportunidade para examinar as coisas e ver como funcionam. É assim que começamos a pensar sobre elas e a fazer perguntas; é assim que adquirimos motivação para aprender. Mas para isso é preciso que recebamos as informações necessárias — e não outras informações. Eis o que quero dizer.

Imagine que você não me conheça. Nunca nos vimos. Você está lá fora no corredor, conversando com os amigos e tomando um cafezinho e, de repente, eu entro. Lembre-se de que você nunca me viu antes. E eu digo: *"Para chegar ao banheiro masculino vá até o andar de baixo e, em seguida, até o mezanino. Vire à esquerda, vire à esquerda novamente, continue andando até o* hall *e vire à direita. O banheiro masculino fica à esquerda."* E saio. Você fica parado, coçando a cabeça, imaginando o porquê daquilo.

Entretanto, imagine que duas horas depois você precise ir ao banheiro. Você começa a procurar o banheiro masculino e dá de cara comigo. Você chega perto mim, contorcendo-se e pulando de um pé para o outro e diz: *"Onde você disse que ficava o banheiro masculino?"* E eu digo: *"O banheiro? Você sabia que os antigos gregos já construíam banheiros especiais para homens? Eles adotaram esse costume dos romanos que aprimoraram o **layout** dos banheiros masculinos."* Muito antes de eu chegar à Idade Média, você já teria molhado as calças!

Isso é o que a maioria dos professores faz.

Eles nos dizem coisas que não precisamos saber ou, quando realmente precisamos dessas informações, eles nos falam de uma outra coisa qualquer. E o que fazemos em relação a isso? Nada. Sofremos em silêncio, ouvindo complacentemente.

Portanto, talvez devêssemos assumir parte da culpa: sentamos lá como carneirinhos, com a cabeça apoiada nas mãos e com uma borracha embaixo do cotovelo para ele não escorregar, todos peritos em perceber inconscientemente quando é hora de inclinar a cabeça em sinal de consentimento. O que é interessante nesse gesto é que não faz a menor diferença o que o professor disse, se foi uma afirmação ou uma negação, pois com esse gesto sempre parecemos indicar que estamos de acordo.

Todos deveríamos ter um papel de tornassol colado na testa. O papel ficaria verde quando estivéssemos acompanhando a explicação ou vermelho quando estivéssemos perdidos.

Portanto, o professor pensa que todos estamos acompanhando sua explicação e chegando às mesmas conclusões. Bem, nós não estamos. Sentamos ali e deixamos que nossos corpos se manifestem por nós. Todos deveríamos ter um papel de tornassol colado na testa. O papel ficaria *verde* quando estivéssemos acompanhando a explicação ou *vermelho* quando estivéssemos perdidos. Basicamente, esses são, em resumo, os métodos utilizados quando ensinamos ou aprendemos.

Pensei sobre isso outro dia. Você já observou uma criança aprendendo a andar de bicicleta? Pode se imaginar ensinando seu filho a andar de bicicleta dando uma palestra sobre o assunto? Duvido.

Deixe-me fazer com você uma experiência mental. Suponhamos que você *não* saiba andar de bicicleta, mas gostaria de aprender. Por isso, você se matricula em um curso — eu sou seu instrutor. Você está superentusiasmado. Sempre vê os outros correndo de bicicleta e acha que parece muito divertido. Finalmente, você irá aprender a fazer o mesmo.

Tudo bem. O grande dia chegou e você está sentado na sala de aula. Após uma longa introdução sobre os horários, cafezinho etc., finalmente chega a hora de começar. *"Primeiro, é preciso aprender os conceitos básicos"*, eu digo. Em seguida, coloco a figura de uma bicicleta no projetor. A transparência mostra os nomes de todas as partes da bicicleta em letras bem pequenas. Eu digo para as pessoas sentadas na última fila: "*Desculpem, vocês não conseguem ver a figura de seus lugares, mas receberão uma cópia no final da aula.*" E essas pessoas inclinam a cabeça em sinal de consentimento e se afundam novamente em suas cadeiras.

Como eu já havia dito, primeiro, é preciso aprender os conceitos básicos; por isso repito os nomes de todas as partes da bicicleta, um após o outro. Em seguida, quando chego às engrenagens, não consigo me controlar. Sou realmente interessado em engrenagens de bicicletas, por isso vou até o *flipchart* e faço uma minipalestra de dezoito minutos sobre como funciona uma bicicleta de dez marchas. Termino dizendo: '*Na verdade, isso não tem nada a ver com o que estamos falando.*"

Passaram-se quarenta e oito minutos. Não há mais ar dentro da sala. Seus sonhos de aprender a andar de bicicleta há muito caíram no esquecimento. Suas costas doem e seu traseiro está quadrado. Você está começando a cochilar. Subitamente, eu digo "*Agora vou explicar como andar de bicicleta.*" Você se endireita na cadeira ansioso. Você pensa: é agora, finalmente. Em seguida, eu digo "*E andar de bicicleta não é tão difícil quanto parece.*" Os professores sempre dizem isso. Eles têm a tendência de nos fazer pensar que as coisas não são como realmente são: "*Isto não é aborrecido, você apenas pensa que é.*"

Como eu havia dito, andar de bicicleta não é tão difícil quanto parece.

Basta você ficar de pé à esquerda da bicicleta com as mãos no guidão. Coloque o pé esquerdo no pedal esquerdo, que deve estar na posição mais baixa. Seu pé direito deve estar apoiado no chão, atrás do pé esquerdo. Impulsione o corpo e a bicicleta com o pé direito. Nesse momento, a bicicleta pode inclinar para a esquerda ou para a direita e você pode cair. Se cair para a direita, vire o guidão para a direita enquanto desloca o centro de gravidade do seu corpo para a esquerda e vire novamente o guidão para a esquerda. Assim que você e sua bicicleta atingirem o equilíbrio, faça um movimento circular com a perna direita no sentido anti-horário. Esse movimento o colocará sentado no selim. Em seguida, empurre o pedal para a frente, mantendo o equilíbrio conforme indicado anteriormente.

"Entendeu?" Os ouvintes respondem: — "Sim" — "Por quê?" — "Porque já sabemos como andar de bicicleta."

Exatamente. Você já sabe como andar de bicicleta. Na verdade, *80% das instruções parecem ter sido elaboradas para pessoas que já sabem o que eles estão tentando ensinar.*

Acabei de compreender isso. Se eu pretendo aprender algo, tenho de tirar minhas próprias conclusões baseadas em minha própria experiência. *Preciso participar, participar mesmo.*

Assim não tenho de me sentir estúpido, incompetente e incapaz. Ao contrário, posso me sentir inteligente, esperto e capaz. Isso é o que aprendi por não ter aprendido nada esta semana.

E isso não é tão mal.*

* Este texto foi retirado do filme "O que aprendi por não ter aprendido".

A súplica do aluno

O discurso de agradecimento (ou como você preferir chamá-lo) pode ser interpretado como uma visão pessoal de "como eu gostaria que as coisas fossem". Esta é a súplica do orador/aluno. (O paralelo com o processo de aprendizado é óbvio.)

1. **Não desestimule minha curiosidade natural, desperte-a!**
Em outras palavras, não tire o "compasso" de perto de mim. Deixe-me participar desde o início e criar minha própria idéia do porquê devo participar deste curso.

2. **Forneça apenas as informações necessárias e não um monte de informações desnecessárias.**
Em outras palavras, eu respeito seu conhecimento e agradeço por desejar compartilhá-lo comigo, mas lembre-se de que você foi escolhido como meu professor exclusivamente para me fornecer as informações de que preciso — informações que tenham significado para mim.

3. **Deixe-me pensar por conta própria e tirar minhas próprias conclusões.**
Em outras palavras, não me abandone, não impeça que eu trilhe meu próprio caminho para chegar às conclusões e *insights*. Guarde seu entusiasmo e impaciência. Não acredite que suas próprias conclusões, baseadas nos seus muitos anos de experiência, possam ser minhas só porque você me contou quais são.

4. **Ajude-me a encontrar palavras que expressem o que compreendi!**
Em outras palavras, quando perceber que compreendi, que estou sentindo realmente que compreendi, quando eu disser "aha! aha!", ajude-me a encontrar palavras e expressões para manifestar o que eu compreendi, a fim de que eu possa transformar meus *insights* em conhecimento que eu saiba manipular.

5. **Ajude-me a usar meu conhecimento para que ele não se disperse e se torne inútil.**
Em outras palavras, permita que eu tenha a oportunidade de testar, expandir e reforçar meu conhecimento. Mostre-me como posso usá-lo para que eu possa continuar a aprender por conta própria, ajudado por novas experiências.

Alguma coisa está acontecendo

Em seu livro *Moments of Truth*, o presidente da Scandinavian Airlines, Jan Carlzon, descreve sua visão sobre o indivíduo na empresa: "Precisamos aprender a ver o Novo Indivíduo como uma grande oportunidade, um recurso ainda escasso em muitas partes do mundo. O Novo Indivíduo é confiante, bem-educado e totalmente livre dos problemas financeiros agudos. Isso faz com que esteja preparado para um trabalho mais qualificado e responsável."

As observações de Carlzon são confirmadas pelos levantamentos realizados em várias empresas. Bo Ekman, executivo-chefe do Instituto Sueco de Pesquisa de Opinião, tem a dizer:

"Levantamentos de atitudes em relação ao compromisso, lealdade, liderança e eficiência realizados com dezenas de milhares de funcionários revelam alguns fatos importantes:

— As pessoas querem um maior compromisso com o trabalho.
— As pessoas lutam pela eficiência e têm suas próprias idéias sobre como o trabalho pode ser mais bem-organizado.
— As pessoas querem um tipo de liderança e organização que as permita usar melhor suas capacidades intelectuais, emocionais e físicas.

— As pessoas sentem continuamente que sua lealdade para com a empresa é maior do que a lealdade e preocupação que recebem em troca.
— As pessoas querem mais treinamento.
— As pessoas querem se sentir respeitadas como seres humanos."

Em muitos locais de trabalho, existe um enorme potencial para o aumento da eficiência. Um problema muito freqüente é que os valores fundamentais da estrutura de trabalho diferem completamente dos valores dos funcionários.

Parece que a diretoria descobriu o indivíduo.

Ninguém pode negar que o Novo Indivíduo está gerando demandas significativas — e com bons motivos. Como resultado, o conceito de liderança também está mudando. A tendência mais importante é que a liderança parece estar evoluindo de "o que o chefe faz" para um compromisso mútuo e mais ou menos tácito entre os supervisores e seus subordinados. Estamos falando de 200% de responsabilidade — 100% do supervisor e 100% do trabalhador. (É uma tentação comparar essa nova forma de liderança com o amor: basicamente, o amor exige que as duas partes concordem que estão apaixonadas!) Portanto, às vezes um chefe pode considerar absurda a sua participação em um "curso sobre liderança". Seria razoável pressupor que a liderança se desenvolve melhor entre as pessoas envolvidas. (Que sentido teria mandar metade de um casal apaixonado para um curso sobre o amor?)

Esta visão básica de liderança está deixando gradativamente sua marca na área de educação. Cada vez mais, a responsabilidade está sendo compartilhada e o compartilhamento de responsabilidades está gerando novas formas de instrução cujos objetivos, conteúdo e métodos são compatíveis com o conhecimento próprio do indivíduo e com o processo espontâneo de aprendizado. Como resultado, as instruções em sala de aula não são mais consideradas como método universal para atender às necessidades de aprendizado. (Esta era a abordagem típica da "visão do especialista" que costumava prevalecer nas empresas. Ou, como coloca Mark Twain: "Para aqueles que têm apenas um martelo como ferramenta, todos os problemas parecem pregos.")

Atualmente, as pessoas estão buscando outras soluções. A participação em projetos, o treinamento prático em outros departamentos etc. tornaram-se cada vez mais comuns. Entretanto, também há sinais de que o treinamento está deixando as salas de aula e chegando às salas de reunião, o que significa que os supervisores de departamento e de grupo estão se transformando em professores de seus subordinados — exatamente o que se espera de um supervisor.

Por isso, os materiais de treinamento estão sendo desenvolvidos especialmente para este uso. Os benefícios são óbvios: o tempo de locomoção e o índice de faltas são eliminados, o grupo pode concentrar-se nas coisas diretamente relacionadas às suas próprias operações, o treinamento pode ser programado de acordo com a carga de trabalho, o

Supervisores de departamento e de grupo estão se transformando em professores de seus subordinados: Gerência através do Aprendizado.

"aprendizado conjunto" facilita o uso do conhecimento adquirido, as experiências individuais e o conhecimento prévio podem ser compartilhados com os outros membros do grupo, a liderança pode ser desenvolvida através do conhecimento mútuo do *expertise* e dos interesses de cada participante, e assim por diante.

Outras tendências importantes: cada vez mais, a escolha e a formulação dos objetivos do curso estão sendo baseadas no que o aluno acha que precisa — para executar melhor uma determinada tarefa etc. No passado, os objetivos do curso baseavam-se freqüentemente em uma lista formal de itens de conhecimento que o aluno tinha de desvendar ao final do curso. ("Qual é a fórmula para o cálculo do retorno do investimento?") A segunda pergunta concentra-se basicamente no processo mecânico de memorização, enquanto a primeira enfatiza o verdadeiro conhecimento.

A ênfase passou de "ensinar o que é um fenômeno" para "ensinar como se faz". Ninguém faz um curso para "aprender o que é *marketing*"; o objetivo é aprender "como fazer *marketing*".

Cada vez mais, o conteúdo dos cursos está sendo elaborado para proporcionar uma estrutura para o processo de experimentação e descoberta por parte do aluno, ao invés de, como era no passado, transformar os alunos em manuais de referência ambulantes ou campeões de memorização.

Com a maior atividade e participação dos alunos, o palestrante que passa o tempo todo "enchendo lingüiça" tende a desaparecer.

Em seu livro, *Experiential learning*, Kolb define aprendizado da mesma forma: "O aprendizado é um processo em que o conhecimento é gerado através da transformação da experiência."

Portanto, a principal tarefa da educação é aproveitar as experiências anteriores dos alunos e usá-las para proporcionar oportunidades de aquisição de novas experiências.

Os alunos estão começando a ser tratados como adultos.

Parabéns!

3.

Fontes de inspiração

O que faz com que um filme ou texto seja "bom"?
O que faz com que um orador seja convincente?
O que realmente nos faz participar, chama nossa atenção e possibilita o aprendizado?

Influências

Às vezes, me pergunto por que a educação se isolou em seu mundo particular por tanto tempo. Os avanços e melhorias nos métodos de ensino foram praticamente nulos, enquanto em outras formas de comunicação os avanços foram enormes. E não estou falando dos avanços tecnológicos, mas de métodos mais novos e melhores para adaptar essas formas de comunicação ao cérebro humano.

Já percebi que outras disciplinas, colocando-se de lado a educação e a psicologia, estão sendo usadas atualmente como fontes de inspiração — pelos professores que buscam modelos para o planejamento de lições e pelos alunos que querem aprender mais sobre suas próprias reações a diferentes "métodos de comunicação".

Uma dessas disciplinas, que está intimamente relacionada à educação, é a retórica clássica. Durante milhares de anos, a retórica (a arte da oratória) foi objeto de estudo essencial a todos (para não falar dos políticos) que tinham a aspiração de ensinar e influenciar outras pessoas. E as forças do mercado têm aprimorado continuamente esta disciplina, indicando seus efeitos imediatos: sem uma retórica hábil, não há influência — nem poder.

O que chamamos de artes dramáticas, uma disciplina importante para a realização de filmes etc., também está sendo aprimorado pelas forças de mercado: sem um "bom" filme, não há público — nem sucesso de bilheteria. Obviamente, isso também se aplica ao teatro e a outras formas de arte.

Isso também acontece na propaganda: sem anúncios eficazes, não há vendas — nem comissões para os publicitários.

Que habilidades todos esses especialistas possuem? Quais são os seus segredos? Qual é o responsável pelo seu sucesso? Embora estejamos falando especificamente da "comunicação unilateral", as técnicas funcionam. Por quê?

Imediatamente surge uma pergunta: É ético recorrer a truques teatrais para manipular as pessoas dessa forma, fazendo com que acreditem em coisas nas quais não querem acreditar? É certo usar técnicas de dramaturgia para fazer com que as pessoas adotem um ponto de vista político e não outro? É correto usar o *marketing* inteligente e técnicas de vendas para induzir as pessoas a comprar determinados produtos?

Se considerarmos o extremo oposto, talvez possamos chegar a uma conclusão mais importante: compreendendo como as outras pessoas tentam nos influenciar e como reagimos, podemos desenvolver maior autoconfiança e processos de pensamento mais analíticos que abrem as portas para o aprendizado mais enriquecedor.

Se essas disciplinas realmente exercem tanta influência sobre o resto da sociedade, por que só bem recentemente exerceram algum efeito sobre a educação comum?

É possível, como discutimos anteriormente, que a escola — a boa e velha escola, com professoras solteironas severas, diretores imponentes e todos os alunos em fila — ainda sirva, mesmo que inconscientemente, como nosso principal modelo? São nossas reminiscências dos anos de escola que nos forçam a desempenhar os papéis tradicionais de aluno e professor? É por isso que, quando freqüentamos um curso (em um ambiente educacional formal), nosso comportamento é diferente — uma imitação inconsciente de nossas concepções (memórias) sobre o comportamento de alunos e professores?

Eu não sei. Muitas pessoas acham que sim; outras acreditam que essa descrição da escola como instituição é exagerada e desnecessariamente pessimista e que, em vez de adotá-la, devemos buscar uma explicação nos valores e especialmente nos métodos de gerência utilizados pelas empresas.

De acordo com esse ponto de vista, o comportamento das pessoas em sala de aula é um reflexo direto, praticamente uma caricatura, da cultura da empresa — uma indicação da forma como essas pessoas percebem o relacionamento entre supervisores e subordinados etc.

Entretanto, independente dos modelos (inconscientes) utilizados no passado, um número cada vez maior de pessoas está buscando outros modelos e fontes de inspiração — na retórica e no drama, por exemplo. O que faz com que um filme ou texto seja "bom"? O que faz com que um orador seja convincente? O que realmente nos faz participar, chama nossa atenção e possibilita o aprendizado?

Drama

Geralmente, o drama é descrito como a arte de contar uma história. Esta técnica é responsável pelo sucesso de autores e produtores de cinema. Mas como eles fazem isto?

Ola Olson, um respeitado dramaturgo sueco, fez algumas reflexões valiosas a esse respeito. Elas serão apresentadas neste livro mais ou menos como eu me lembro delas: Suponhamos que você estivesse começando a assistir a um filme. Um homem está andando pela rua. O narrador diz "Este é Joe Doakes. Ele tem 33 anos e trabalha em uma grande empresa. Seu trabalho é...", etc.

Parece idiota, não? E não parece que o resto do filme será muito melhor. Como dramaturgo, Ola propõe uma introdução diferente:

O filme começa com um *close* de latas de cerveja vazias boiando na banheira. A câmera se afasta, revelando outras latas de cerveja. Um par de mãos molhadas abre uma outra lata de cerveja. Um *close* de um pé molhado saindo da banheira. Alguém enrola o corpo em uma toalha. Passos. Alguém abre a porta da geladeira. Mais cerveja. A banheira está cheia de latas de cerveja boiando na água. O homem entra novamente na banheira.

Você imagina "Com os diabos, quem é esse cara?" Nesse momento, o narrador diz "Este é Joe Doakes. Ele tem 33 anos e trabalha em uma grande empresa. Seu trabalho é...", etc.

"Este é Joe Doakes. Ele tem 33 anos e trabalha em uma grande empresa. Seu trabalho é..."

Quando uma criança diz "Adivinhe em que mão está?", ela está usando exatamente este método. A diferença é que Ola Olson planejou conscientemente provocar em nós uma determinada reação, enquanto a criança faz isso espontaneamente.

Um outro exemplo semelhante: Em geral, como começam os filmes de faroeste? Nenhum começa com alguém dizendo "Bem-vindo a este filme. Ele trata do bem e do mal. No final do filme, você terá aprendido que o bem sempre triunfa sobre o mal" (final feliz), ou "...que o mal triunfa sobre o bem" (final trágico). Ao contrário, os filmes começam com um tiro, um assalto a banco ou algum outro evento dramático.

Ou algo menos intenso, em um estilo cinematográfico mais "artístico": O filme começa com uma série de passos em direção a um *saloon*. O calor é abrasador. Um gato lambe seu pêlo. As portas do *saloon* estão abertas. As pernas de um homem vestido com roupas escuras aparecem na tela. Um tiro. Um miado estridente do gato. As pernas se movimentam para a direita e para fora da tela. Silêncio. Um par de pernas vestidas de branco sobem as escadas. O homem se abaixa, afaga o gato carinhosamente e vira para a esquerda, afastando-se do ângulo da câmera. Isso é mais do que suficiente para nos dizer do que trata o filme: a luta entre o bem (com roupas brancas) e o mal (com roupas escuras), personificada por dois homens. "O que irá acontecer?"

No jargão das artes dramáticas, a introdução de um filme é chamada de abertura. A abertura é elaborada não só para nos deixar interessados ou excitados; seu principal objetivo é estabelecer o conflito principal do filme. (Da próxima vez que você assistir a um filme, tente observar o tipo de abertura utilizada e como foi estruturada.)

Milos Forman é um dos mais competentes produtores de filmes atualmente. A abertura de seu filme mais famoso "Um estranho no ninho" já é considerada um clássico. Ele usa uma série de dispositivos — detalhes difíceis de identificar como entidades isoladas mas que afetam o "todo" e a nossa percepção dos eventos — para apresentar os dois personagens principais (antagonistas).

Na primeira cena — a chegada da enfermeira Ratched (Louise Fletcher) ao hospital psiquiátrico — e na cena da chegada de McMurphy (Jack Nicholson) Forman usa o mesmo ângulo da câmera. (Estas cenas iniciais são tão fascinantes de você terá de assisti-las várias vezes até perceber a "mecânica" de sua produção.)

Portanto, a função da abertura é criar uma situação de excitação e expectativa. Mas o que acontecerá em seguida?

Depois do estágio da **abertura** (atenção), passamos para o estágio da **exposição do conflito** (informação), no qual o público deve conhecer quem é quem, quais são as relações entre os personagens, como é o cenário onde a ação se desenvolve etc. Normalmente, essa é a parte mais cansativa do filme e nem sempre é fácil manter as coisas sob controle.

Nesse momento, as habilidades do autor são realmente postas à prova: ele precisa fornecer-nos apenas as informações suficientes de maneira a torná-las interessantes. (Nos filmes de menos sucesso, às vezes o texto dos atores para transmitir informações ao público é cômico e artificial: "Só você pode nos ajudar, Flash. O Imperador Ming, soberano cruel do Império Galáctico, está planejando atacar a Terra!")

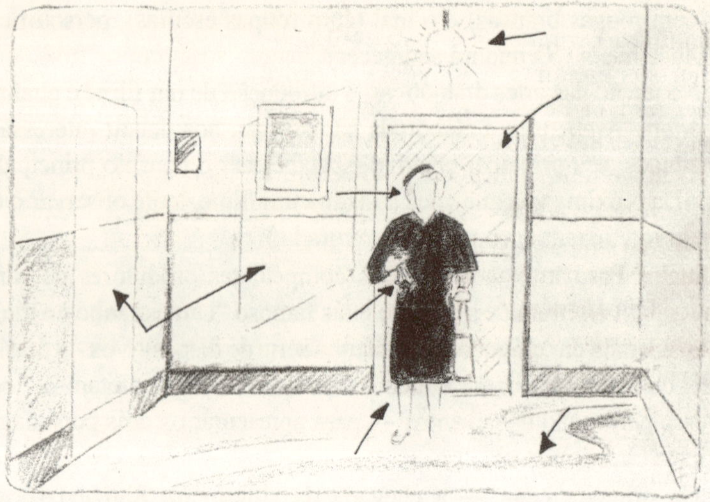

ENFERMEIRA RATCHED: Penteado metódico—Balança o chaveiro (poder). —Postura rígida e andar pesado (sozinha). —Porta de aço (batida). A lâmpada vermelha se acende. —Assoalho polido. —Iluminação fria (interior sintético).

McMURPHY: Boné. — Assovia (liberdade). — Roupas descontraídas. — Dança (a chegada do herói). —Contato com os companheiros (os pacientes). —Iluminação suave, quente (som clássico de sirene).

Este estágio é seguido pela **escalada do conflito**.

Devo esclarecer que todo drama baseia-se em conflitos e tensões entre forças opostas: o bem e o mal em diferentes perspectivas ou o conhecido e o desconhecido. No estágio de escalada do conflito, a luta é colocada de forma que o espectador é impelido a perguntar: "O que irá acontecer?" A trama continua em direção ao clímax.

Clímax ou resolução do conflito. Neste momento, descobrimos quem era o assassino. O herói ou o vilão surge vitorioso do último duelo. A perseguição termina com uma batida de automóveis. A trama sinistra é revelada. Tudo é explicado.

No estágio de **fade-out**, o personagem principal "caminha em direção ao pôr-do-sol", enriquecido com a experiência vivida. Nós também saímos do cinema enriquecidos com a experiência — nenhuma pergunta ficou sem resposta (a não ser que a intenção do produtor do filme seja exatamente deixar perguntas sem respostas).

Este padrão de narrativa — com os cinco elementos — não se aplica somente ao filme como um todo; todas as grandes seqüências do filme (gestalts) e, freqüentemente, até as cenas isoladas seguem o mesmo padrão.

Esta técnica funciona por uma razão simples: nossa mente funciona da mesma forma (o processo de aprendizado).

Para ilustrar a dimensão das artes dramáticas, tomamos um outro clássico como exemplo — o filme "Matar ou Morrer" — e dividimos o filme em pequenas partes para que você possa ter a oportunidade de desempenhar o papel de autor. Não é preciso ter visto o filme para fazer o exercício.

Nas páginas 125 e 126, descrevemos quinze cenas do filme em ordem aleatória. Tente organizá-las na ordem correspondente ao método narrativo do drama.

A resposta correta (a ordem real das cenas no filme) está nas páginas 127 a 128.

O PROCESSO DE APRENDIZADO	DRAMA
Interesse, curiosidade Preparação mental e receptividade.	**Abertura** Estabelece o principal conflito do filme — Bem *versus* mal — Conhecido *versus* desconhecido
Informações Fatos e dados são transformados em informações.	**Exposição da crise** Quem é quem? Qual é o problema? Quais são os pontos fortes de cada personagem?
Processamento As informações são transformadas em experiência e descoberta.	**Escalada do conflito** O duelo: "O que irá acontecer?"
Conclusão A experiência e descoberta são transformadas em conhecimento.	**Resolução do conflito** O clímax "Isto foi o que aconteceu..."
Aplicação O conhecimento é transformado em técnicas e atitudes — e em sabedoria.	**Fade-out** Enriquecimento com a experiência

O processo de aprendizado (a forma como aprendemos espontaneamente) e os princípios mais importantes do drama (a arte de contar uma história) são extraordinariamente semelhantes.

A. Enquanto Will e o chefe da quadrilha se enfrentam na rua principal, os membros da quadrilha se espalham pela cidade, nos telhados, como atiradores de tocaia. Passa um pouco do meio-dia.

B. O chefe da quadrilha chega à estação de trem, onde é esperado por três membros da quadrilha.

C. Os habitantes da cidade saem de seus esconderijos comemorando.

D. Will e Amy se casam na delegacia de polícia. Will abandona a arma e a estrela de xerife para sempre. O casal pretende estabelecer-se no campo.

E. Um tiro. O chefe da quadrilha cai morto no chão.

F. Embaixo de uma árvore, no alto de uma montanha afastada da cidade, três cavaleiros mal-encarados se encontram. Eles descem a montanha em direção à cidade e se sentam para esperar alguém na estação de trem. São quinze para as onze da manhã.

G. Will e Amy deixam a cidade; já bem afastados, na pradaria, Will decide voltar e tomar as rédeas de seu destino.

H. Um mensageiro do telégrafo corre para dizer que o chefe da quadrilha fugiu da prisão e está a caminho da cidade para matar o xerife que o prendeu.

I. O casal deixa a cidade para começar vida nova em outro lugar.

J. Problemas: Will prometeu a Amy que nunca mais usaria violência. Se ele ficar, ela ameaça pedir o divórcio. Os habitantes da cidade, aterrorizados, abandonam Will, não ousam ajudá-lo.

K. Amy percebeu como seu marido é corajoso e sua crescente admiração faz com que volte à cidade, pegue uma arma e atire no chefe da quadrilha.

L. Amy e Will sobem na charrete novamente. E como se diz: quando o perigo chega tão pérto, até os *Quakers* pegam em armas.

M. Will apresenta sua decisão. Ele quer ficar e resolver o problema. Ficar e lutar contra o chefe da quadrilha.

N. Will chega sozinho à cidade vazia, onde encontra o chefe da quadrilha. Eles decidem que é hora de resolver definitivamente suas diferenças.

O. Will, vestido com roupas claras, está em pé de um lado da rua e o chefe da quadrilha, vestido com roupas escuras, do outro lado.

Como você contaria essa história? Vire a página para obter a resposta correta.

Aqui está a ordem correta das cenas do filme. O principal conflito é apresentado na primeira cena (abertura). Começando o filme com os "três cavaleiros mal-encarados", o diretor transmite ao público uma sensação de perigo — mas perigo de quê?

O romance do casal dá o contraste. Não descobrimos que perigo havia até a chegada do mensageiro do telégrafo. Na próxima seção, o diretor apresenta o conflito interior do herói. Aí recebemos informações necessárias e suficientes sobre a difícil escolha de Will, antes da escalada do drama.

"O que irá acontecer?"

Abertura

F. Embaixo de uma árvore, no alto de uma montanha afastada da cidade, três cavaleiros mal-encarados se encontram. Eles descem a montanha em direção à cidade e se sentam para esperar alguém na estação de trem. São quinze para as onze da manhã.

D. Will e Amy se casam na delegacia de polícia. Will abandona a arma e a estrela de xerife para sempre. O casal pretende estabelecer-se no campo.

H. Um mensageiro do telégrafo corre para dizer que o chefe da quadrilha fugiu da prisão e está a caminho da cidade para matar o xerife que o prendeu.

Exposição

M. Will apresenta sua decisão. Ele quer ficar e resolver o problema. Ficar e lutar contra o chefe da quadrilha.

J. Problemas: Will prometeu a Amy que nunca mais usaria violência. Se ele ficar, ela ameaça pedir o divórcio. Os habitantes da cidade, aterrorizados, abandonam Will, não ousam ajudá-lo.

G. Will e Amy deixam a cidade; já bem afastados, na pradaria, Will decide voltar e tomar as rédeas de seu destino.

Escalada do conflito

B. O chefe da quadrilha chega à estação de trem, onde é esperado por três membros da quadrilha.

N. Will chega sozinho à cidade vazia, onde encontra o chefe da quadrilha. Eles decidem que é hora de resolver definitivamente suas diferenças.

A. Enquanto Will e o chefe da quadrilha se enfrentam na rua principal, os membros da quadrilha se espalham pela cidade, nos telhados, como atiradores de tocaia. Passa um pouco do meio-dia.

Resolução do conflito

O. Will, vestido com roupas claras, está em pé de um lado da rua e o chefe da quadrilha, vestido com roupas escuras, do outro lado.

E. Um tiro. O chefe da quadrilha cai morto no chão.

K. Amy percebeu como seu marido é corajoso e sua crescente admiração faz com que volte à cidade, pegue uma arma e atire no chefe da quadrilha.

Fade-out

C. Os habitantes da cidade saem de seus esconderijos comemorando.

L. Amy e Will sobem na charrete novamente. E como se diz: quando o perigo chega tão perto, até os *Quakers* pegam em armas.

O casal deixa a cidade para começar vida nova em outro lugar.

Quando nós (Ola Olson, Krister Nathanaelson e eu) criamos este exercício, aprendi uma coisa interessante: comenta-se que o filme foi encomendado pela Agência Central de Inteligência (CIA) para angariar o apoio do povo norte-americano a favor da guerra da Coréia. A mensagem, a premissa do filme, é apresentada nitidamente como conclusão na cena em que descobrimos que foi a mulher de Will que matou o chefe da quadrilha. Em outras palavras: quando existe uma ameaça de perigo (o comunismo), até o mais pacífico e dócil *quaker* (o povo americano) tem de pegar em armas.

Neste sentido, é claro que isso funciona, pois adoramos quando a mulher de Will mata o vilão. Ela se transforma em nossa heroína, exatamente como foi planejado.

Retórica

Provavelmente, é correto afirmar que as raízes das artes dramáticas estão na retórica clássica. Pedi a Kurt Johannesson, o único professor de retórica sueco, que descrevesse rapidamente os elementos da retórica. Aqui está o que ele diz:

A retórica é a arte da oratória, ou seja, a arte de conversar ou escrever de forma que as pessoas ouçam, compreendam — e fiquem convencidas. Há muito tempo, os antigos gregos observaram que os discursos e textos convincentes eram elaborados da mesma forma. Em outras palavras, existem algumas regras simples e fáceis de lembrar que podem ser usadas para tornar nossa linguagem mais eficaz.

Digamos que estivéssemos tentando transmitir a premissa, mensagem ou tese de que "os homens e mulheres devem ter os mesmos direitos e oportunidades". Mas quem é o nosso público? Como reagirão quando essa tese for apresentada? Vamos imaginar que são membros de uma empresa grande e moderna. Nesse caso, precisamos de uma introdução que desperte o interesse, a empatia e a confiança no orador. Do contrário, as pessoas imediatamente decidirão não ouvir. Em retórica, esta introdução é chamada exórdio. Aqui está um exemplo:

"Todos podemos ver as enormes mudanças que estão ocorrendo em nossa sociedade e acredito que essas mudanças irão influenciar o mundo dos negócios e nossa empresa. Surgirão problemas que terão de ser enfrentados se quisermos sobreviver e crescer. Acredito também que o futuro traz grandes promessas se fizermos a coisa certa."

Agora as pessoas estão ouvindo; isso é o que importa. Neste momento, apresentamos um breve histórico do assunto sobre o qual estamos falando — apenas em termos gerais —, referindo-nos apenas ao que as pessoas já conhecem e aceitam imediatamente como fato. Na retórica, isso se chama narração. Um exemplo:

"Antigamente, homens e mulheres faziam coisas completamente diferentes — em casa e na comunidade. Como se costumava dizer, 'Adão arava e Eva tecia' ou, como aprendemos em nossas cartilhas, papai conserta a porta e mamãe faz as tortas. Atualmente, entretanto, essas diferenças estão sendo eliminadas em toda parte. Veja nos esportes: as mulheres estão jogando futebol e disputando maratonas. Veja na moda: meninos e meninas usam jeans; *felizmente, os modelos são um pouco diferentes."*

Falando assim, o orador cria um elo de comunicação — o sentimento de ligação entre o orador e o público.

Só então chegamos a premissa ou tese, pois sabemos que muitas pessoas não gostam dessa idéia ou se sentem inseguras. O objetivo deste discurso é convencê-las, vencer sua resistência. Chamamos isto de proposição. Um exemplo:

"Chegou a hora de lutarmos para proporcionar oportunidades iguais para homens e mulheres em nossa empresa (ou indústria)."

Agora temos de apresentar argumentos para sustentar essa proposta ou demanda, mas não precisamos de muitos argumentos — três no máximo, e só os que são capazes de convencer este público específico. Por exemplo:

"Não existem mais trabalhos pesados demais para as mulheres. Talvez isso tenha sido verdade no passado, mas agora temos máquinas para nos ajudar. Seria um desperdício se nossa empresa não utilizasse o talento e a ambição das mulheres. Elas certamente serão necessárias no futuro, quando for ainda mais difícil encontrar bons funcionários. Além disso, todas as pesquisas e experiências gerenciais modernas mostram que as características 'femininas' devem complementar as 'masculinas' — mesmo nos cargos mais altos e nas decisões mais importantes. Leia o livro de Jan Carlzon, Moments of truth. *Ele é apenas um dos tantos que fazem esta afirmação."*

E depois dessa argumentação, é hora da conclusão ou peroração. O orador resume rapidamente, muito rapidamente, os tópicos mais importantes, para que fiquem firmemente registrados na memória das pessoas. Em seguida, o orador tenta despertar seu entusiasmo e determinação com um apelo final, cujos principais ingredientes são fervor e emoção. Por exemplo:

"Para que isso aconteça, temos de começar a trabalhar desde já. Acredito que esta política representa para nós uma enorme oportunidade de vencer a batalha contra nossos concorrentes e atender às demandas do futuro."

Quando Franklin D. Roosevelt foi eleito presidente dos Estados Unidos em 1932, o país estava à beira de uma brutal depressão. Várias empresas estavam falindo e muitos milhões de pessoas estavam desempregadas. Em seu discurso de posse, Roosevelt tentou convencer os norte-americanos de que seu *New Deal*, uma política econômica e social totalmente nova, era absolutamente necessária. Eis alguns parágrafos de seu famoso discurso. O discurso contém as cinco partes que, de acordo com as regras da retórica, todo bom discurso deve conter: exórdio, narração, proposição, argumentação e peroração.

Entretanto, a ordem dos cinco parágrafos foi modificada.

Qual você acha que era a ordem original dos parágrafos no discurso de Roosevelt?

(A) Enfrentamos dias árduos que se apresentam diante de nós com a coragem apaixonada de nossa união: com a total satisfação que se origina do cumprimento implacável do dever tanto pelos velhos quanto pelos jovens.

(B) Estou certo de que meus companheiros americanos esperam que, no exercício da presidência, tratá-los-ei com a honestidade e a determinação que a atual situação da nação exige. Este é o momento de se falar a verdade, toda a verdade, franca e audaciosamente.

(C) A nação pede ação, já... Não se trata de um problema insolúvel se o enfrentarmos com sabedoria e coragem... tratando a crise como se trata uma guerra.

(D) As folhas murchas do empreendimento industrial estão por toda parte: os agricultores não encontram mercado para seus produtos; foram-se as economias de muitos anos em milhares de famílias. E o que é pior: uma multidão de cidadãos desempregados enfrenta o problema cruel da sobrevivência.

(E) É preciso supervisionar rigorosamente todas as atividades bancárias, de crédito e de investimento: é preciso acabar com a especulação com o dinheiro alheio e oferecer uma moeda adequada e forte.

Ordem sugerida: ______________________________________

Ordem correta na página 137.

Um bom anúncio precisa satisfazer às condições necessárias para o aprendizado.

O PROCESSO DE APRENDIZADO	DECISÃO DE COMPRA	
Interesse, curiosidade Preparação mental e receptividade.		**Conscientização** Conscientizamo-nos de uma necessidade e começamos a analisar as alternativas.
Informações Fatos e dados são transformados em informações.		**Receptividade** Tornamo-nos receptivos a informações sobre algumas dessas alternativas.
Processamento As informações são transformadas em experiência e descoberta.		**Comparação** Comparamos as alternativas, consciente e inconscientemente.
Conclusão A experiência e descoberta são transformadas em conhecimento.		**Decisão** Tomamos uma decisão e fechamos o negócio.
Aplicação O conhecimento é transformado em técnicas e atitudes — e em sabedoria.		**Experiência** Nossa experiência determinará se ficarmos satisfeitos e voltaremos da próxima vez.

Philip Kotler descreve esta versão do processo de aprendizado como um processo gradativo de eliminação de alternativas.

Propaganda

Podemos fazer um outro paralelo com a propaganda. Segundo os critérios tradicionais, um bom anúncio tem de atender exatamente aos mesmos requisitos:

1. Atenção (ilustração e/ou título)
2. Informação (sobre a oferta)
3. Um desafio ao leitor (comparação com outras alternativas disponíveis)
4. Uma conclusão ("O nosso é melhor, não é?")
5. Uma chamada à ação ("Envie o cupom ou telefone.")

Contudo, há um outro paralelo interessante entre a forma como vemos nossos clientes e o *marketing*. E não estou falando apenas da propaganda (veja acima). O *marketing*, especialmente de bens de capital (tanto para empresas como para indivíduos), parte do princípio de que o cliente passa por uma série de estágios (por exemplo, o aprendizado) antes de decidir o que comprar.

Philip Kotler, um especialista em *marketing* altamente respeitado, descreve esses estágios como um processo gradativo de eliminação de alternativas. Quando surge uma necessidade (um carro novo, por exemplo), há muitas alternativas — todos os modelos de carros que a pessoa conhece, embora seu interesse esteja limitado a apenas alguns desses modelos. Os clientes fazem suas escolhas espontaneamente, de acordo com suas necessidades, seus interesses e seu bolso. No final, talvez restem apenas algumas alternativas e, em muitos casos, as diferenças responsáveis pela escolha final são extremamente pequenas. Portanto, o papel do *marketing* fica reduzido ao papel de um professor: apoiar este processo passo a passo, levando o cliente/aluno a concluir o que o profissional de *marketing*/professor quer que ele conclua.

A série de figuras mostra uma descrição desses estágios. Primeiro um impulso, um interesse, torna o cliente receptivo às informações sobre as diferentes alternativas, que, por outro lado, levam a uma comparação (processamento), que leva a uma conclusão, que leva à ação: a compra.

Para definir o meio e as mensagens de *marketing* a serem utilizados, tomamos como base *onde* imaginamos que o possível comprador está neste processo.

Portanto, este padrão se repete inúmeras vezes: o político que convence o eleitor, o vendedor que convence o cliente, o autor que prende a atenção do leitor, o pregador que faz o sermão, o adversário que se defende e o professor que ensina. Até no campo da pesquisa, onde o conhecimento é criado, o padrão é o mesmo.

— Um pensamento, uma hipótese, serve como ponto de partida.
— Dados (informações) são coletados.
— As informações são processadas, estudadas.
— Conclusão ("A hipótese estava certa/errada.").
— Os resultados são utilizados.

Portanto, por que não deveríamos usar o mesmo método quando planejamos atividades formais de ensino e aprendizado? Por que não deveríamos tentar transmitir o conhecimento usando os mesmos métodos utilizados quando ele foi gerado?

Nas palavras de Piaget, "Compreender é inventar".

Ordem correta do discurso de Roosevelt (páginas 132 e 133): B, D, C, E, A.

4.
Dicas

**Cinqüenta por cento menor,
cem por cento melhor.**

Avançar

Cinqüenta por cento menor, cem por cento melhor: isto é possível? A explosão da mídia mudou nossa maneira de ver a informação. Umberto Eco define informação da seguinte forma: *"Um número incontrolável de mensagens que cada um de nós pode misturar do jeito que quiser, apertando os botões do controle remoto."* Estamos vivendo a era do avançar e mudar de canal. Qualquer um que escreva sobre a coisa certa, da forma certa e na hora certa tem grandes chances de ser elevado à condição de guru e seu livro deve ser lido antes que um outro guru tome o seu lugar. Os livros se transformaram em itens perecíveis. A oferta de jornais, revistas e jornais comerciais é tamanha que uma grande parte do que é comprado não é lido ou passa apenas por uma rápida leitura totalmente desorganizada. O risco de afogar-se em informações é real e iminente. Eco novamente: *"Talvez o consumidor não seja mais livre como antes, mas não há dúvida de que as formas de ensiná-lo a ser livre e manter o controle estão mudando."*

Essa é basicamente uma questão sobre nossas inspirações em relação ao nosso próprio aprendizado. Se não nos quisermos tornar vítimas do conhecimento dos outros, temos de tentar dominar nosso próprio conhecimento.

E, com as atitudes e ferramentas certas, podemos fazer isso. Quando conseguirmos, seremos capazes de selecionar e escolher (mudar de canal e avançar) — de forma consciente e sistemática, com um objetivo específico em mente. Seremos capazes de extrair todo o conhecimento válido de um livro técnico durante a leitura do livro. O conteúdo dos manuais de produtos e outras informações internas pode ser reduzido à metade,

Qualquer um que escreva sobre a coisa certa, da forma certa e na hora certa tem grandes chances de ser elevado à condição de guru e seu livro deve ser lido antes que um outro guru tome o seu lugar.

um terço ou menos. E estaremos preparados para tornar o treinamento mais eficaz, aplicando o conceito do "cinqüenta por cento menor, cem por cento melhor".

Você não precisa ser político, autor, jornalista ou publicitário para aplicar os princípios básicos do drama e da retórica. Esses princípios também são uma excelente ferramenta de ensino — que pode ser aplicada a nós mesmos ou aos outros. Entretanto, a aplicação desses princípios depende do papel que estamos desempenhando; por isso, decidi analisar cada caso isoladamente:

1. Quando somos simples "transmissores" (escrevendo uma palestra, um artigo ou um plano de aula).
2. Quando participamos de um curso e compartilhamos a responsabilidade com o instrutor.
3. Quando somos simples "receptores" (lendo um livro ou sendo "submetidos" a instruções).

A premissa é que, independente da situação em que nos encontramos, podemos ser muito mais eficazes se utilizarmos nosso conhecimento prévio em relação ao nosso próprio processo de aprendizado e as ferramentas das caixas de ferramentas dos especialistas. Os capítulos seguintes apresentam uma série de recomendações práticas sobre como fazer isso. Algumas recomendações são simples, outras são mais ousadas. Eis os principais pontos abordados em cada capítulo:

Primeiro, o todo: Neste capítulo, descrevo a importância de criar um panorama inicial das principais características do assunto, especialmente nos casos em que as estruturas de referência do professor e do aluno são diferentes.

Abordagem pedagógica: Suponhamos que você escreva um texto qualquer — um artigo, um relatório, uma proposta de investimento, uma palestra, um discurso etc. Esse texto pode ficar mais acessível e mais fácil de ler através de um processo de edição pedagógica. (Os filmes são editados dessa forma: o editor seleciona várias cenas e decide como organizá-las.) O autor analisa a estrutura da apresentação como um todo, a fim de determinar a ordem na qual as diversas partes devem ser introduzidas. Durante este processo, o autor normalmente troca as seções de lugar, elimina parte do material e faz algumas pequenas inclusões.

Você pode utilizar basicamente o mesmo processo para fazer a **revisão pedagógica** (verificação) do trabalho de uma outra pessoa — texto, filmes de vídeo, planos de aula, cursos etc., a fim de avaliar sua eficácia pedagógica.

Mapeamento da mente: O mapeamento da mente é uma técnica de anotações que se parece mais com o nosso processo de associação de idéias do que as técnicas tradicionais. Experimente!

O mapeamento da mente tornou-se uma ferramenta de valor inestimável para muitas pessoas que participam de trabalhos criativos, resolução de problemas e ensino.

Aprendizado colaborativo: Se nós, professores e alunos, queremos compartilhar responsabilidades, existem várias coisas que precisamos fazer. Avaliar a sessão anterior não é o suficiente; na verdade, é mais importante tentar decidir juntos como organizar a próxima sessão, o que não significa que as preparações feitas até aqui devam ser jogadas fora. Este capítulo fornece exemplos do que podemos fazer.

A arte de estudar: Você consegue ler um manual técnico volumoso em algumas horas? Se quiser lembrar de tudo o que está escrito nele, a resposta é não. Entretanto, se eu perguntar: "Você consegue extrair todas as informações úteis de um manual técnico volumoso em algumas horas?" Neste caso, a resposta é sim. Neste capítulo, apresento o método de aprendizado que as pessoas habituadas ao estudo e à leitura costumam utilizar — na maioria das vezes, espontaneamente.

Porque, se o autor não fez a edição pedagógica, você mesmo pode fazê-la quando lê o livro, usando seu próprio processo de aprendizado como base.

Rotas alternativas: Muito freqüentemente, a educação formal não é a solução mais fácil para um problema de aprendizado. Neste capítulo, mostro alguns exemplos de alternativas.

Primeiro, o todo

Qual é a menor distância entre dois pontos? Quantos lados tem uma folha de papel? Estas perguntas são simples e suas respostas são: a menor distância entre dois pontos é uma linha reta; uma folha de papel tem dois lados — frente e verso. Obviamente, essas afirmações são verdadeiras, ou não?

Suponhamos que você tivesse de ensinar estas "verdades" a uma formiga que viveu toda sua vida na superfície de um balão. Para a formiga, a afirmação de que a menor distância entre dois pontos é uma linha reta não é verdadeira; a menor distância é uma curva. Agora, corte uma tira de papel e cole um dos lados de uma extremidade da tira no lado oposto da outra extremidade. Imagine que a formiga tivesse passado toda sua vida nessa tira. Neste caso, a afirmação de que uma folha de papel tem dois lados não seria válida; uma folha de papel teria apenas um lado.

Qualquer pessoa que tente estudar e compreender a teoria da relatividade de Einstein ou os princípios da mecânica quântica terá o mesmo problema da formiga do exemplo. E a coisa não ficaria mais simples se a formiga tentasse ensiná-lo: *"Como você sabe, caro aluno, a menor distância entre dois pontos é uma curva. Este é um axioma, ou seja, uma verdade que não pode ser questionada."* Como essa afirmação contradiz completamente a sua experiência (e conhecimento) prévia, suas possibilidades de aprender alguma coisa com a professora formiga são, no mínimo, escassas.

A diferença entre a estrutura de referência da formiga e sua própria estrutura de referência inviabiliza o aprendizado — a não ser que você esteja familiarizado e compreenda a estrutura de referência da formiga.

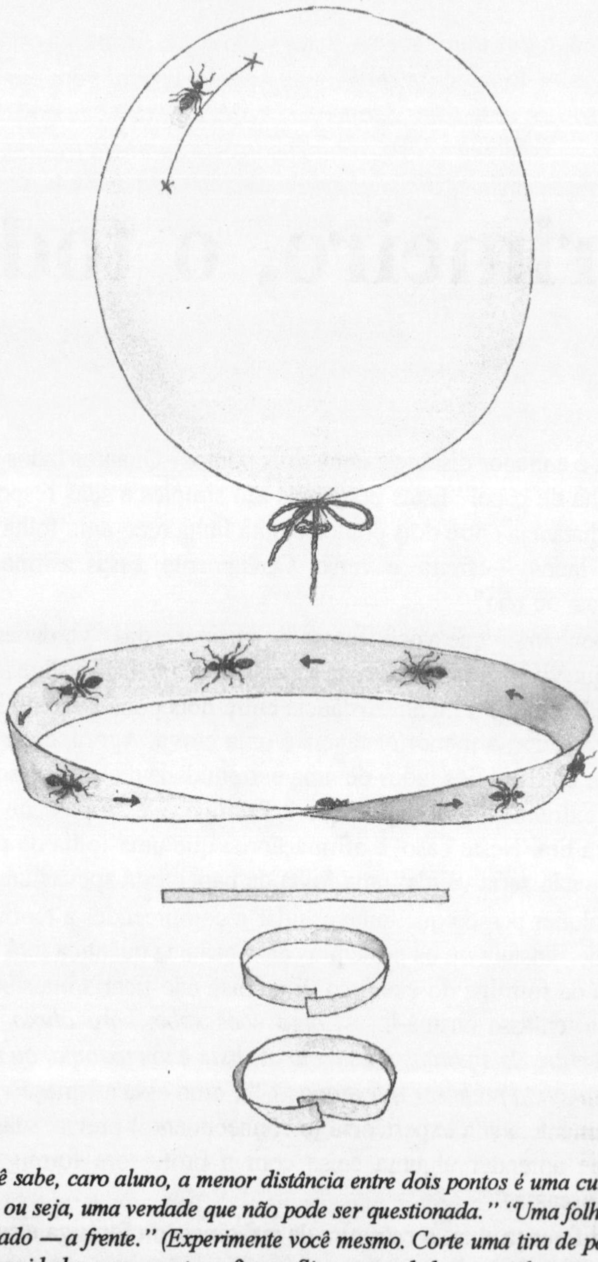

"Como você sabe, caro aluno, a menor distância entre dois pontos é uma curva. Este é um axioma, ou seja, uma verdade que não pode ser questionada." "Uma folha de papel tem um só lado — a frente." (Experimente você mesmo. Corte uma tira de papel e cole as duas extremidades como mostra a figura. Siga com o dedo o caminho percorrido pela formiga na tira e verá que a tira tem apenas um lado!)

Suponhamos agora que isso seja exatamente o que a formiga está tentando fazer — ensiná-lo a compreender o seu mundo. Estamos em um beco sem saída: *Para que esta instrução tenha algum sentido, é preciso que você já possua o conhecimento que a instrução está tentando transmitir.* (Uma situação que ocorre com grande freqüência na vida real.)

Se a formiga tivesse sido uma boa e sábia professora, teria lhe convidado a passar algum tempo no balão para que você tivesse a oportunidade de descobrir este novo mundo. Assim, teria sido muito mais fácil compreender o que a formiga estava lhe dizendo, pois você poderia utilizar suas novas experiências como ponto de partida.

Obviamente, este é o melhor método para aprender, digamos, habilidades motoras tipo andar de bicicleta: experimentamos, com ou sem ajuda, e descobrimos passo a passo, em nosso próprio ritmo e condições, o que devemos fazer. Este é um exemplo de como aprender fazendo.

O que estou querendo dizer é que este deve ser considerado, de forma igualmente óbvia, o melhor método de ensino para qualquer tipo de aprendizado — mesmo quando o aprendizado envolve conhecimentos abstratos. Para mostrar concretamente o que quero dizer, transferirei as analogias da formiga e da bicicleta para um tópico comum nas universidades e nos programas de treinamento das empresas: finanças empresariais.

Quando uma pessoa sem muita experiência na área dos negócios começa a estudar finanças empresariais, pode cair com facilidade em um labirinto de linhas de raciocínio teóricas que dificultam muito a compreensão do que cada uma dessas coisas tem realmente a ver com as outras. (Pessoalmente, passei por essa experiência muitas vezes, tanto como aluno no sentido tradicional da palavra quanto como professor dessa matéria.) Antes de mais nada, esses iniciantes precisam de experiência relacionada de alguma forma à estrutura de referência do assunto. (Faça uma comparação com a analogia entre a formiga e o balão.) Em segundo lugar, precisam de um modelo desta estrutura de referência que possa ser usado para testar e descobrir outros relacionamentos associados a sua própria experiência. (Faça uma comparação com o processo que experimentamos quando aprendemos a andar de bicicleta.)

Tive o privilégio de desenvolver e lançar esse modelo, uma simulação física dos relacionamentos mais importantes em finanças empresariais (Decision Base™): o modelo mostra como as rotinas de compra, a concorrência, a escolha do equipamento de produção etc., afetam a lucratividade de uma empresa. Nesta simulação, vários grupos administram "empresas" concorrentes. Cada grupo (três ou quatro pessoas) pode decidir sozinho o que irá produzir, como irá produzir e assim por diante. O mais importante é que os participantes podem ver as conseqüências de suas decisões — não através de relatórios gerados pelo computador, mas através de "movimentações" do capital de sua empresa que podem ser facilmente observadas.

O balanço mostra onde está o seu capital da empresa: em dinheiro, matéria-prima, produtos acabados etc. Portanto, serve como uma fotografia da empresa em um determinado momento — ao final do ano, por exemplo.

No final do ano seguinte, o balanço será diferente do balanço do ano anterior como resultado de tudo o que aconteceu durante o ano. Os balanços não dizem muita coisa a um leigo. Embora todas as linhas do relatório sejam auto-explicativas, não revelam ao leigo coisa alguma sobre

ATIVO			PASSIVO E PATRIMÔNIO LÍQUIDO		
Ativo circulante	Ano 1	Ano 2	Passivo	Ano 1	Ano 2
Caixa	17	30	Impostos	1	3
Contas a receber	12	9	Empréstimos a curto prazo	13	9
Estoque/itens semi-acabados	11	13	Empréstimos a longo prazo	7	11
Estoques de produtos acabados	8	4	Total do passivo	21	23
Total do ativo circulante	48	56	Patrimônio Líquido		
Ativo fixo			Capital social	5	5
Imóveis	20	20	Lucros acumulados	48	50
Máquinas e equipamentos	8	5	Lucros do exercício	2	3
Total do ativo fixo	28	25	Total do patrimônio líquido	55	58
TOTAL DO ATIVO	76	81	TOTAL DO PASSIVO E PATRIMÔNIO LÍQUIDO	76	81

O que um iniciante pode aprender com estes valores que mostram o que aconteceu à empresa durante o ano?

a dinâmica e as relações de causa e efeito dominantes durante o período entre as duas fotografias. Com um pouco de exagero, podemos afirmar que é como olhar uma cena do início de um filme e uma do final do mesmo filme e tentar adivinhar se o filme é bom ou ruim.

No modelo de simulação, os participantes começam colocando fichas que representam o capital da empresa em um tabuleiro que mostra esquematicamente todos os departamentos da companhia. Basicamente, cada departamento corresponde a uma linha do balanço. O resultado é uma visão tridimensional do balanço, embora continue sendo apenas uma fotografia.

Em seguida, os participantes tomam decisões que envolvem compras, produção, desenvolvimento de produtos, vendas etc. Cada decisão é seguida de uma movimentação de capital de uma seção do tabuleiro para outra. Por exemplo, quando uma compra é efetuada, o capital é transferido do caixa para estoque de materiais, a fim de ilustrar a compra do material e o pagamento efetuado. (Este é exatamente o mesmo princípio usado em contabilidade — o mesmo valor sai de caixa e entra em estoque de materiais sempre que uma compra de material é efetuada.)

O modelo pode ser usado para simular as operações de uma empresa — a circulação de capital. As fichas simbolizam dinheiro e valores. Os peões são os "responsáveis pelos custos" que representam uma certa quantidade de material, componentes, itens semi-acabados ou um produto acabado.

Dessa forma, os próprios participantes montam o "filme" — suas decisões determinam o curso dos eventos e o formato de cada "cena" isolada.

Os participantes continuam a fazer movimentações de capital durante todo o "ano" e podem observar essas movimentações passo a passo. Ao final do ano, temos uma nova fotografia/balanço. Dessa forma, os próprios participantes montam o "filme" — suas decisões determinam o curso dos eventos e o formato de cada "cena" isolada. Agora as fotografias inicial e final (balanços) fazem algum sentido e os participantes podem ver a ligação entre suas ações e os resultados.

Em suma: eles aprenderam algo sobre a dinâmica de negócios de uma empresa, o que é essencial para que o treinamento faça algum sentido para eles. (Voltando uma última vez a nossas analogias, eles visitaram a formiga em seu balão e tentaram andar de bicicleta.)

Mas a simulação faz mais do que isto:

Estimulando os participantes a usarem seu conhecimento e experiências anteriores, a simulação cria condições nas quais os alunos podem aprender mais do que o que está sendo ensinado. Em outras palavras, *o conteúdo do aprendizado é maior do que o conteúdo ensinado*. E esta é a idéia que sustenta o novo método de ensino e aprendizado.

O objetivo do ensino convencional é associar um elemento de conhecimento ao elemento seguinte. Podemos fazer uma outra analogia: o ensino convencional é como tentar montar um quebra-cabeça começando pelo canto superior esquerdo e encaixando todas as peças no lugar e na ordem certa, da esquerda para a direita, de cima para baixo. (Se o fundo da figura for um céu azul, esta pode ser uma tarefa desafiadora.) Podemos dizer que esta forma tradicional de educação é linear.

As instruções para o usuário ou para o uso de programas de computador freqüentemente são formuladas da mesma maneira, embora ocasionalmente possamos identificar sinais que indicam outras intenções. O aluno tem poucas oportunidades de utilizar suas próprias experiências (pois, sem um panorama geral, não há espaço para elas).

As oportunidades para adquirir novas experiências também são limitadas. O resultado é o conhecimento fragmentado — que, além de difícil de acessar, é difícil de usar. Esta é uma das principais críticas do mercado à educação universitária. Freqüentemente, essas instruções lineares, "passo a passo", são avaliadas quantitativamente — o conheci-

Com os métodos de ensino convencionais, fragmentos são associados a outros fragmentos. A visão mais moderna de educação começa com um panorama geral e evolui para um detalhamento cada vez maior.

mento é considerado um item que pode ser quantificado, embora os aspectos qualitativos do conhecimento determinem sua utilidade.

O novo método de ensino (ou melhor, *método de aprendizado*) tenta criar um panorama geral, uma gestalt total, que pode ser estudada e reestudada em diferentes perspectivas e com diferentes graus de detalhamento.

Esta forma de ensino pode ser chamada de orgânica ou voltada para o sistema. O panorama geral abre espaço para as experiências anteriores, bem como para as oportunidades de adquirir novas experiências.

As antigas e novas "gestalts do conhecimento" podem ser encaixadas no padrão e complementadas. O número de associações que podem ser relacionadas ao todo e, portanto, à qualidade do conhecimento, aumenta extremamente. Voltando à analogia do quebra-cabeça: esta forma de ensino e aprendizado é uma maneira mais inteligente de montá-lo: primeiro, montamos as extremidades (a estrutura de referência); em seguida, montamos as gestalts proeminentes e assim por diante.

Certa vez, fomos solicitados a treinar os representantes (pessoal de vendas) de uma indústria farmacêutica norte-americana. O treinamento envolvia uma nova droga criada para combater a pressão arterial alta e o objetivo era ajudar essas pessoas a compreenderem as diferenças entre as propriedades funcionais da droga produzida pela indústria e os produtos fabricados pelos concorrentes. Logo descobrimos que, de modo geral, os representantes eram muito bem-informados, mas não dispunham de um panorama geral que permitisse que a comparação entre os produtos fizesse algum sentido.

Portanto, em lugar de juntar novos fragmentos ao conhecimento já fragmentado que eles possuíam, decidimos, logo no início do curso, deixar que os alunos "redescobrissem" o sistema circulatório humano, com ênfase nas características que mais tarde seriam utilizadas para uma comparação significativa entre os produtos da empresa e dos concorrentes.

Representamos o sistema circulatório em um Work Mat™ (veja a página anterior) e convidamos os participantes a identificar as características anatômicas e fisiológicas que, em conjunto, regulam a circulação sanguínea e a pressão arterial de uma pessoa saudável. Os participantes

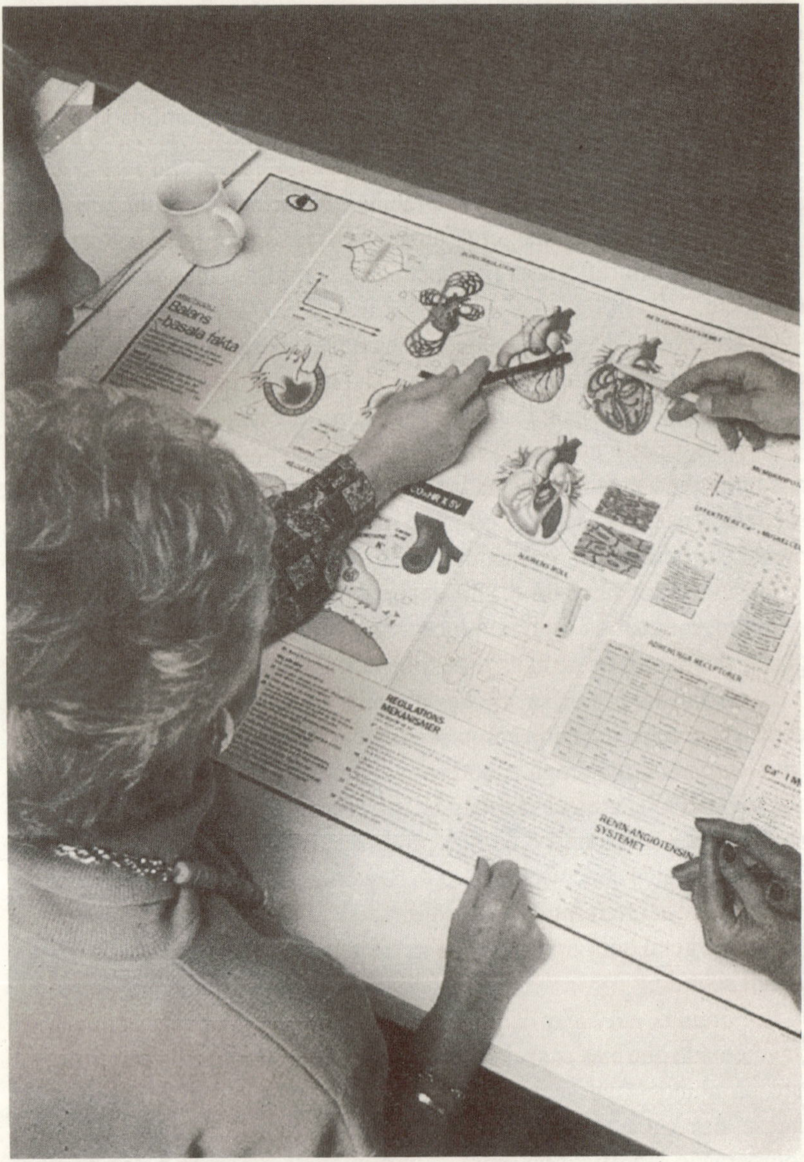

Os participantes trabalharam em grupos de quatro e "redescobriram" o sistema circulatório humano, preenchendo os vazios de seu conhecimento fragmentado prévio e reuniram todas as informações, montando um panorama geral do sistema. O exercício foi criado para ajudar os participantes a identificar os diversos subsistemas mostrados nas figuras e determinar suas funções e as relações entre eles. (Reproduzido com a permissão de Pfizer International, Nova Iorque.)

trabalharam em grupos pequenos e os exercícios feitos no Work Mat™ ajudaram-nos a descobrir as relações.

O ritmo de aprendizado foi determinado pelo conhecimento prévio de cada grupo. Este exercício possibilitou a compreensão do todo e abriu espaço suficiente para o conhecimento e as experiências anteriores dos participantes. Munidos deste conhecimento, os participantes fizeram um exercício visando investigar e descobrir os locais de ação das drogas produzidas pelos concorrentes no sistema circulatório.

O curso foi todo organizado dessa forma e, como resultado, teve a duração de um pouco mais de uma semana (em lugar das oito semanas inicialmente planejadas) — com maior absorção, maior autoconfiança e maiores vendas.

Na verdade, a idéia básica de ambas as soluções não é muito original. O que talvez seja surpreendente é que essa forma de instrução se baseia em princípios que se evidenciam e aplicam espontaneamente quando, por exemplo, ensinamos nossos filhos a andar de bicicleta. (Veja a absurda ilustração de Harry em uma seção anterior.) Não é difícil entender que a "palestra sobre a bicicleta" pode fazer com que os participantes "saibam mais" (gravem mais palavras e expressões — pelo menos durante um curto período de tempo), mas o aprendizado de natureza mais prática resulta em um tipo de conhecimento totalmente diferente. Essa é a diferença entre as visões quantitativa e qualitativa do conhecimento.

Além disso, ambos os exemplos manipulam estruturas de referência conhecidas e bem-definidas (o "Balanço" e a "Anatomia/psicologia"); portanto, não há conflito entre o conhecimento prévio dos alunos e o material que está sendo ensinado.

Nos casos em que a instrução se baseia em estruturas de referência ou idéias diferentes das que os alunos trazem consigo, a necessidade de se criar um panorama geral no estágio inicial é ainda maior. Vivemos na idade da "troca de modelos" ou, para usar uma expressão mais em moda, "troca de paradigmas". (A palavra "paradigma" significa "modelo".)

O exemplo mais nítido de troca de paradigma talvez tenha ocorrido quando ficou claro que não era possível explicar o que eram macrossomos e microssomos dentro da estrutura de referência da lei da física de Newton. Einstein é a pessoa que associamos ao nascimento do novo paradigma, que serve como base para a mecânica quântica moderna.

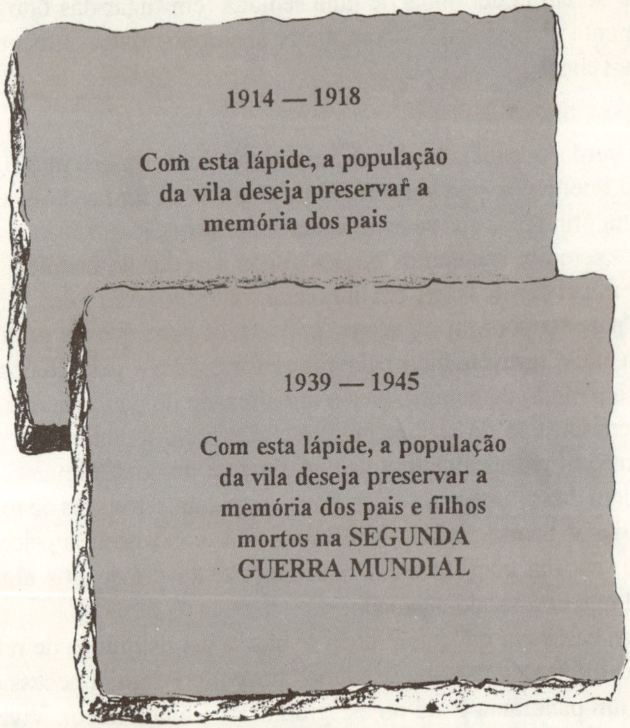

Vi estes dois monumentos de pedra em uma pequena igreja rural na Inglaterra. Como as duas lápides têm o mesmo formato, o mesmo tipo de mensagem e o mesmo tipo de letra, é fácil concluir que o texto da primeira pedra termina com "Primeira Guerra Mundial". Na verdade, o texto termina com "A Grande Guerra". E isso é óbvio. Não podia haver uma Primeira Guerra Mundial antes da Segunda Guerra Mundial. Isso me faz lembrar como é fácil para um autor ou professor pressupor que o aluno já possui um panorama geral do assunto que está sendo ensinado.

Em menor escala, podemos mencionar um conceito em voga em muitas empresas: a troca de modelos. Neste caso, estamos falando sobre a organização da produção, distribuição de responsabilidades entre os diferentes departamentos da empresa, direção e organização das operações da empresa, definição de mercados e muito, muito mais. Nos primeiros anos da indústria de automóveis, a linha de montagem da Ford transformou-se em um modelo pela sua eficiência de produção. E continuou servindo de modelo até o final da década de 1960, quando surgiram outras formas de organização, por exemplo, o agrupamento de fluxos. Portanto, adotamos um novo modelo. Atualmente, as empresas japonesas estão sendo usadas como modelo e fonte de inspiração, provocando a adoção de conceitos como "KANBAN", "produção enxuta", Kaizen, Kando e "*just-in-time*".

Vamos analisar uma empresa em que a mesma visão básica de produção continuou sendo adotada durante muitos anos. Todos os que trabalham lá "conhecem as regras" — tudo está sob controle. Se decidirmos utilizar um novo modelo de produção, não será suficiente ensinar as "novas regras", pois a estrutura de referência do instrutor será diferente da estrutura de referência dos funcionários da empresa e o resultado será um choque de culturas. Em uma situação como esta, é essencial começar definindo os princípios fundamentais do modelo de produção antigo e então compará-los aos do novo modelo.

Quando a Alfa Laval decidiu abandonar a organização funcional e adotar o agrupamento de fluxos, a empresa criou uma pequena maquete da fábrica para que as pessoas envolvidas no processo tivessem a oportunidade de descobrir as diferenças e tirar conclusões sobre o significado da nova forma de produção em termos práticos.

Embora essa necessidade pareça óbvia, muitas vezes as pessoas não a percebem. Já vi empresas que precisam desesperadamente fazer drásticas reduções no tempo de produção para o desenvolvimento de novos produtos — e essas reduções só podem ser obtidas através da adoção de formas de trabalho e cooperação inteiramente novas. Mas o pessoal dessas empresas está tão arraigado às antigas visões e hábitos que o processo se torna extremamente vagaroso e árduo.

Portanto, o caminho mais fácil para o aprendizado eficaz é criar um panorama geral no estágio inicial — um contexto no qual os alunos possam perceber as principais relações em uso. Só então podemos passar à gestalt. Como ressaltei anteriormente, a principal razão pela qual esta necessidade é ignorada com tanta freqüência parece ser o fato de os instrutores e responsáveis pelo planejamento de cursos partirem do princípio de que os alunos já possuem o panorama geral necessário para o aprendizado. Eles chegam à conclusão de que o tempo gasto com a compreensão dos conceitos básicos não é eficaz, sem parar para considerar que o esforço adicional no estágio introdutório será extremamente compensador, economizando tempo e esforços mais tarde.

Edição Pedagógica

Não defendo a idéia de que todos são capazes de contar uma história como William Shakespeare ou Milos Forman ou de que existe um Sócrates ou Franklin D. Roosevelt aprisionado dentro de cada professor, esperando para ser libertado.

O que defendo é que todos nós, usando ferramentas simples e os mesmos métodos, podemos tornar a captação de informações e o aprendizado consideravelmente mais fáceis para o receptor.

Este capítulo trata principalmente do que é ser um transmissor — um professor, palestrante, orador, escritor de artigos etc. — e um usuário de diversos tipos de materiais de treinamento e de como nós, desempenhando esses papéis, podemos tornar nossas apresentações mais pedagógicas.

Para sustentar sua crítica da educação de nível universitário, Richard Feynman leu em voz alta o seguinte trecho de um livro-texto:

"Triboluminescência. Triboluminescência é a luz emitida quando os cristais se chocam."

E propôs a seguinte explanação:

"Pegue um torrão de açúcar e um alicate e bata um contra o outro no escuro; você verá um brilho azulado. Alguns outros cristais produzem esse mesmo efeito. Ninguém sabe por quê. Este fenômeno é chamado de triboluminescência."

Qual é a diferença?

Antes de mais nada, ele inverte a ordem: primeiro, o significado e, por último, o termo, a expressão técnica. Além disso, substitui a informação abstrata por um exemplo concreto, que pode ser testado, baseado na estrutura de referência do leitor. Chamamos isto de **edição pedagógica**.

O que estou dizendo é que o próprio autor deveria ter feito isto antes de imprimir o texto — sozinho ou com a ajuda de outra pessoa.

O processo usado por Feynman para avaliar o grau de acessibilidade do livro pode ser chamado de **revisão pedagógica**.

Acho que os professores deveriam fazer isto para determinar se um determinado livro é adequado e/ou para saber como modificar seus próprios métodos de ensino para compensar as deficiências do livro em questão.

A razão pela qual a edição pedagógica é tão necessária é a tendência da maioria dos especialistas em basear suas apresentações em uma lógica pessoal, que se baseia em um conhecimento muito mais extenso. Como resultado, pressupõem que o leitor seja capaz de relacionar itens isolados de informação ao todo quando, na verdade, o leitor precisa primeiro ter uma idéia do contexto e do objetivo geral (uma abertura) ou não será capaz de acompanhar e participar do raciocínio que leva à conclusão, o conhecimento. Por essa razão, muitos livros técnicos são melhores quando lidos de trás para frente (primeiro o último capítulo, depois o penúltimo etc.)

Suponhamos que você tivesse escrito um texto (artigo, palestra, relatório, carta etc.). Você está satisfeito com o resultado e, normalmente, consideraria o texto concluído. Entretanto, decide verificar se o texto pode ser aprimorado em termos pedagógicos (retoricamente, dramaticamente). Como já disse antes, a estrutura das primeiras versões desse tipo de texto geralmente reflete a seqüência de pensamento do transmissor (lógicamente), e não o processo de aprendizado do receptor (organicamente).

Exemplo 1: Digamos que o texto discuta uma série de medidas para reduzir o tempo necessário para o desenvolvimento de novos produtos. A organização "lógica" (já vi muitas) normalmente começa com uma introdução extremamente genérica ("Vivemos em um mundo em constante evolução...") seguida imediatamente de uma descrição das metas e do plano de ação, por sua vez seguida de uma discussão mais ou menos detalhada das razões pelas quais o plano de ação deve ser adotado. Talvez esta seja a forma "lógica" de organizar a apresentação, mas podemos usar o processo de edição pedagógica para criar uma estrutura diferente.

Por exemplo (veja a ilustração):

1. Você é capaz de identificar no texto um elemento que **chame a atenção**, algo que desperte o interesse ou a curiosidade? Precisa ser algo provocante, que vá direto ao ponto. Precisa dar ao leitor/ouvinte uma idéia, um esboço do problema cuja solução a apresentação visa oferecer. (Exemplo: "*Precisamos de cinco anos para desenvolver um novo produto. Nossos concorrentes fazem isto em quatro anos. O que eles fazem que não estamos fazendo — mas podemos fazer ainda melhor?*") Quando encontrar uma seção do texto adequada a esta função, transfira-a para a introdução!

2. Próxima pergunta: Que **informações** podem ser consideradas necessárias e suficientes para o leitor/ouvinte? Continuando com o mesmo exemplo, poderia ser uma comparação direta entre "o que o concorrente faz" e "o que nós fazemos". Selecione as seções do texto que se encaixam neste padrão — diretas, concretas e simples. Prepare-se, pois você pode descobrir que algumas informações não são adequadas. Talvez você tenha de "eliminar suas partes preferidas" — apagar linhas que contêm um raciocínio que você considerou especialmente inteligente, mas prejudica a apresentação como um todo. Alfred Hitchcock, um mestre do suspense, expressou essa idéia da seguinte forma: "O custo e a satisfação com a filmagem de uma cena nunca podem ser a razão para incluir essa cena na versão final do filme." Ele coloca um ponto vital: é mais importante *selecionar* o material que será usado do que ficar preso ao material que você está jogando fora.

3. Em seguida, encontre a seção ou seções de texto que induzirão o leitor/ouvinte a **processar** a informação — a pensar! Este material pode estar sob a forma de perguntas ou afirmações. Exemplo: "*Você acaba de ouvir quais são as diferenças mais importantes. Na sua opinião, quais seriam nossos objetivos realistas para cada uma delas?*" Se o texto original não contiver um "convite ao raciocínio", basta criar um.

4. O próximo passo é procurar uma **conclusão**, o ponto central do texto — uma seção que resuma com precisão o que o leitor/ouvinte provavelmente já deduziu. Exemplo: "*Numa estimativa conservadora,*

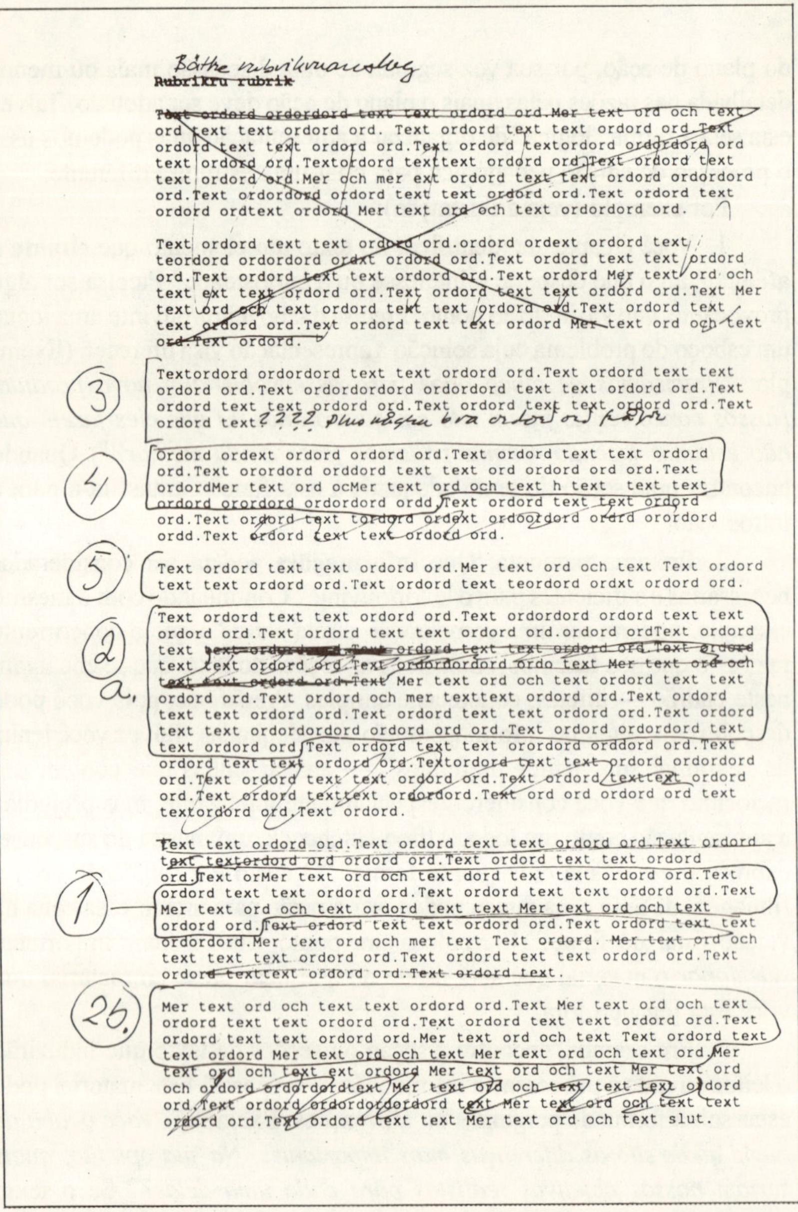

Suponhamos que você tivesse escrito um texto (artigo, palestra, relatório, carta etc.). Você está satisfeito com o resultado e, normalmente, consideraria o texto concluído. Entretanto, decide verificar se o texto pode ser aprimorado em termos pedagógicos (retoricamente, dramaticamente).

esta é a meta que podemos alcançar: ... Tudo isto quer dizer que, em apenas alguns anos, podemos alcançar nossos concorrentes e deixá-los para trás."

5. Finalmente, uma chamada à **ação**. Exemplo: "*Há apenas uma chance: se não fizermos alguma coisa agora, nada irá mudar. Eis uma proposta para um plano de ação.*"

Desta forma, suas conclusões não surpreenderão seus leitores/ouvintes. Ao contrário, eles terão a oportunidade de acompanhar e participar de uma linha de raciocínio que os levará exatamente às mesmas conclusões que você chegou, passo a passo.

Seu conhecimento em relação ao que precisa ser feito passa a ser o conhecimento **deles** em relação ao que precisa ser feito.

Você pode usar o mesmo método para planejar uma seção mais simples, como o exemplo do cálculo da área de um triângulo mostrado anteriormente. O exemplo 2 é semelhante, mas um pouco mais difícil de acompanhar se você não estiver familiarizado com o assunto.

Exemplo 2: Já vi muitas variações de treinamento em finanças empresariais. O que a maioria delas tem em comum é que são mais lógicas do que pedagógicas. Escolhi como exemplo a pirâmide de "retorno dos investimentos" (RDI) mencionada anteriormente.

Normalmente, este modelo é introduzido com a apresentação de uma ou várias transparências. O palestrante explica o significado de cada termo isoladamente, começando por "receita", "custo dos bens vendidos" etc.

Depois de explicar todos esses termos, o palestrante apresenta uma série de indicadores econômicos e, na melhor das hipóteses, dá exemplos do que cada um deles pode informar.

Com a edição pedagógica, a apresentação ficaria assim:

1. **Um elemento para chamar a atenção**: "*Qual seriam os juros anuais que você ganharia com um depósito bancário de 1.000 dólares? Se investisse a mesma quantia em sua empresa, não ganharia menos de 14%, ou 140 dólares.*"

'Método tradicional de ensino": o palestrante explica o significado de cada termo isoladamente, começando por "receita", "custo dos bens vendidos" e assim por diante.

2. **Informação**: Apresente o modelo de trás para frente e, a cada etapa, descreva como as mudanças afetam os juros, por exemplo, o retorno do investimento: "superávit", "diminuição de capital" etc.

3. **Processamento**: Peça aos participantes que estudem três empresas cujos valores financeiros durante um período de vários anos indiquem tendências diferentes. Exercício: "Quais são as principais causas da variação da lucratividade nessas empresas?" (Você pode fornecer várias respostas preparadas antecipadamente e pedir que os participantes associem as respostas às empresas.) Para isso, os participantes precisam comparar as condições financeiras das empresas, por exemplo, a margem de contribuição dentro do percentual da receita etc. Ao fazer isso, eles já estão usando indiretamente os indicadores econômicos.

4. **Conclusão**: "Estas são as perguntas que vocês fizeram, estas são as relações que vocês acabam de estudar — e estes são os principais indicadores econômicos correspondentes."

5. **Aplicação**: "Esta é a situação da nossa empresa nos últimos cinco anos. Usando os indicadores econômicos que acabamos de discutir, tente determinar quais são nossos pontos fortes e fracos."

(Acredite-me, funciona. Até o pessoal do departamento financeiro consegue compreender melhor o valor dos indicadores financeiros que eles costumam apresentar rotineiramente em seus relatórios internos.)

O próximo exemplo lhe dará a oportunidade de experimentar a "edição pedagógica", mesmo seguindo um padrão altamente estruturado.

Exemplo 3: Suponhamos que um grande amigo seu tivesse uma revendedora de automóveis com cerca de vinte funcionários. Ele lhe conta que está tendo problemas: os clientes estão indo embora e a lucratividade está despencando.

Seu amigo está a caminho de uma reunião com os funcionários da revendedora para, segundo suas próprias palavras, "colocá-los nos eixos". Ele preparou uma série de transparências mostrando como pretende desenvolver sua apresentação: a ordem planejada é A, B, C etc. Seu amigo lhe pede que o ajude a fazer uma "edição pedagógica" do material.

Sua tarefa é escolher cinco das oito figuras e colocá-las em ordem. (Veja páginas 167 e 168.) Siga o padrão apresentado no exemplo 1.

"Um método alternativo": Peça aos participantes que estudem três empresas cujos valores financeiros durante um período de vários anos indiquem tendências diferentes. Exercício: "Quais são as principais causas da variação da lucratividade nessas empresas?"

Agora estamos investindo em nosso treinamento
O DINHEIRO VIRÁ
se houver determinação

A. A empresa pretende investir maciçamente no futuro.

"lentos...
antipáticos
descuidados"

E. É isso que um número cada vez maior de clientes está escrevendo — sobre nós...

É nossa COMPETÊNCIA
=
Estabilidade/Conhecimento
+ Experiência

B. A responsabilidade é inteiramente nossa.

Abaixar os
custos

F. Com um número cada vez maior de clientes indo embora, nossos custos estão altos demais.

. Concorrência maior
. Lucros menores
. Custos mais altos
. Receitas menores
. Demandas maiores dos clientes
. Menos clientes

C. Temos um ano difícil pela frente...

Por quê?

- ❑ Pessoal insuficiente?
- ❑ Ambiente inadequado?
- ❑ Motivação insuficiente?
- ❑ Procedimentos de trabalho incorretos?

G. Como esta situação se instalou?

Clientes no último ano	800
Novos clientes neste ano	80
Clientes perdidos	250
Clientes neste ano	630

800 → 630

D. Perdemos muitos clientes durante o ano...

Eficácia dos custos +
Vantagens para o cliente
=
LUCRATIVIDADE

H. O caminho para o sucesso é óbvio, mas difícil.

Ele preparou uma série de transparências mostrando como pretende desenvolver sua apresentação: a ordem planejada é A, B, C etc. Como você organizaria as transparências?

O PROCESSO DE APRENDIZADO	EDIÇÃO PEDAGÓGICA
Interesse, curiosidade Preparação mental e receptividade.	 **Exórdio** "Ouçam..."
Informações Fatos e dados são transformados em informações.	 **Narração** "Esta é a situação..."
Processamento As informações são transformadas em experiência e descoberta.	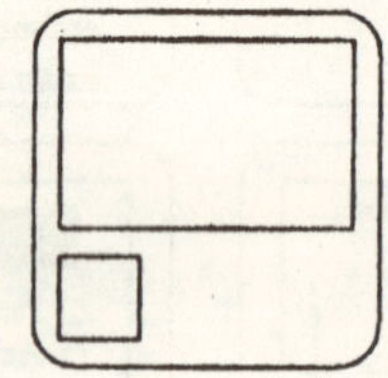 **Proposição** "O que vocês acham...?"
Conclusão A experiência e descoberta são transformadas em conhecimento.	 **Argumentação** "Sim, é verdade, não é..."
Aplicação O conhecimento é transformado em técnicas e atitudes — e sabedoria.	 **Peroração** "Portanto..."

Comece lendo o material para ver o que o revendedor de carros está tentando dizer. Em seguida, escolha as cinco figuras que mais se adaptam ao que ele está tentando dizer e coloque-as na ordem "correta".

Comentários sobre o exemplo 3: Podemos ver no exemplo as etapas do processo de "edição pedagógica":

1. Existe algo no texto que possa ser usado como introdução, para despertar a **atenção** dos ouvintes e aumentar seu **interesse** e curiosidade? — Propomos a figura E, pois provavelmente ela irá deixar os ouvintes furiosos, provocar protestos etc.

(Também poderíamos começar com D, que é um pouco menos provocativa, mas a mensagem geral é positiva; conclusão, podemos ser um pouco rudes e críticos no estágio inicial.)

2. Que **informações** são necessárias para manter os ouvintes interessados e orientá-los na direção do objetivo? Use a premissa para ajudá-los a decidir quais são as informações significativas e as não-significativas. — A abertura (figura E) provavelmente provocará surpresa, protestos, desculpas e, possivelmente, interesse em compreender a gravidade do problema. Portanto, este é um bom lugar para a figura D: "A situação é esta — preto no branco."

3. Existem perguntas ou afirmações que possam levar o ouvinte a **refletir seriamente** sobre o problema? — Sugerimos que o orador não discuta suas próprias conclusões ainda. Os ouvintes precisam de tempo para o seu próprio raciocínio. Por isso, a figura G se encaixa bem aqui; ela é completa, com perguntas e tudo mais.

Depois de apresentar as perguntas, você precisa dar a eles uma oportunidade de participar seriamente e discutir as questões.

4. Qual é o ponto, a **conclusão**, com a qual queremos que o ouvinte concorde? — Aparentemente, o ponto que o orador está tentando provar (a premissa) é que "se fizermos melhor o nosso trabalho, conseguiremos manter nossos clientes". Por isso, o material que trata desse assunto foi incluído próximo ao início da apresentação. Entretanto, se esperar um pouco mais para apresentar sua conclusão, a probabilidade de os ouvintes concordarem com ela será maior. (As conclusões apresentadas antecipadamente muitas vezes têm o efeito contrário.) Este é o melhor lugar para a conclusão (figura B), pois os ouvintes estão bem próximos de suas próprias conclusões.

5. Como podemos reforçar a conclusão de forma a induzir os funcionários a tomarem as **medidas adequadas**? — Este é o melhor lugar para a figura A.

O PROCESSO DE APRENDIZADO		EDIÇÃO PEDAGÓGICA
Interesse, curiosidade Preparação mental e receptividade.	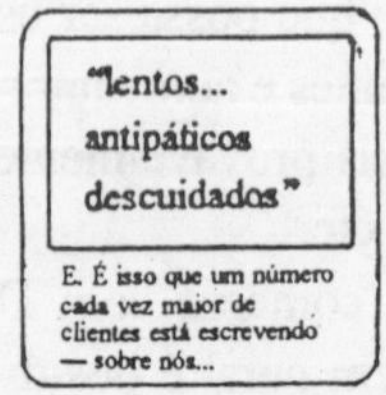	**Exórdio** "Ouçam..."
Informações Fatos e dados são transformados em informações.	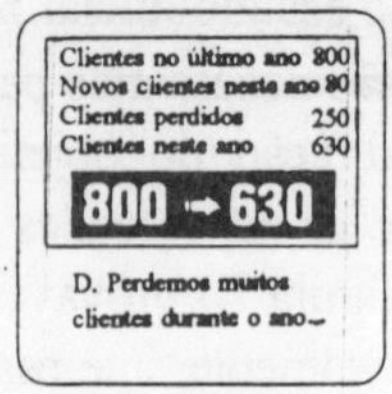	**Narração** "A situação é esta..."
Processamento As informações são transformadas em experiência e descoberta.	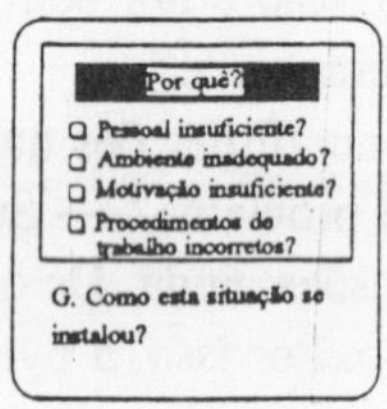	**Proposição** "O que vocês acham...?"
Conclusão A experiência e descoberta são transformadas em conhecimento.	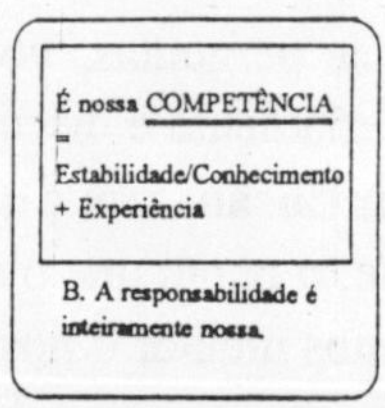	**Argumentação** "Sim, é verdade, não é..."
Aplicação O conhecimento é transformado em técnicas e atitudes — e sabedoria.	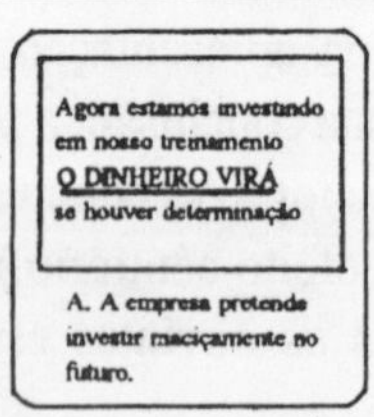	**Peroração** "Portanto..."

A ordem após a edição pedagógica.

E as outras figuras? O que aconteceu com elas? A resposta mais simples é que não pertencem a este contexto; elas não coincidem com a premissa, pois misturam duas mensagens (receitas mais altas e custos mais baixos). É importante restringir-se a uma única mensagem. Se o orador quisesse enfatizar os custos, a apresentação seria completamente diferente.

Uma variação: nos três exemplos mostrados anteriormente, começamos identificando o primeiro material a ser apresentado; em seguida, identificamos o segundo material a ser apresentado etc. Entretanto, em alguns casos, é melhor identificar primeiro a conclusão ou a ação desejada e, em seguida, caminhar de trás para frente. Se fizéssemos isso com o exemplo 3 (o revendedor de carros), o modelo ficaria assim:

a. "Qual é meu objetivo?" Resposta: "Ação." Portanto, a figura A será colocada por último.
b. "Que conclusão ou *insight* pode levar a esta ação?" A resposta está na figura B, que deve ser incluída imediatamente antes da figura A.
c. "Que discussão ou processo mental levaria a esta conclusão?" A figura G deve acionar esse processo.
d. "Que informações são necessárias para dar conteúdo à discussão?" Provavelmente a figura E, que mostra o que os clientes estão pensando.
e. "Como posso despertar o interesse dos ouvintes e torná-los receptivos a esta informação?" Neste caso, a figura D deve funcionar bem.

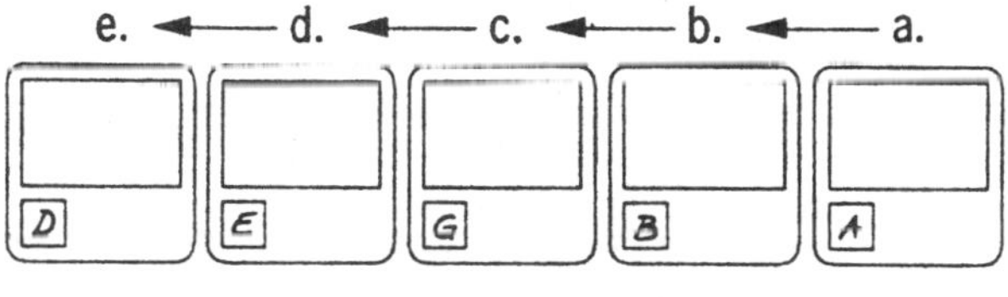

Edição de trás para frente. Compare os resultados com a ordem apresentada na página anterior.

Assim, este método gerou praticamente os mesmos resultados.

Não tenho como provar, mas estou convencido de que o autor do filme "Matar ou Morrer" (consulte o capítulo sobre drama) planejou o roteiro inteiro em cima da cena na qual a esposa de Will mata o chefe da quadrilha. Tudo está contra Will. De repente, o vilão tomba morto. E é a mulher de Will, que tanto odiava a violência, quem o mata.

A partir dessa cena, o autor pode então ter feito um retrocesso: Como posso desenvolver a tensão? Como devo mostrar o conflito de Will? Como posso levar o público a se interessar pelo conflito? (Observe que aqui o tópico do filme não é o conflito entre Will e os vilões; é o conflito entre valores diferentes: pegar ou não em armas). Observe também como esse conflito é habilmente colocado no início do filme. Na cena do casamento, Will promete abandonar de vez as armas, mas nós, espectadores, logo percebemos que algo o obrigará a quebrar sua promessa. (O conflito interno de Will também aparece no tema musical do filme: "*Do not forsake me oh my darling... I must face the man who hates me...*" "*Não me abandone, querida... Tenho de enfrentar o homem que me odeia...*")

Estas duas formas (edição para frente ou para trás) podem ser usadas juntas ou separadamente.

Até os autores e diretores de filmes famosos revêem seus originais dessa forma. Muitas vezes, solicitam a ajuda de dramaturgos profissionais para realizarem a "edição" de seu trabalho, ou seja, para cortar coisas, alterar a ordem do material etc.

Obviamente, se você não tiver nada para editar, não poderá fazer uma edição pedagógica; portanto, é necessário fazer uma preparação criativa antes. Um dos benefícios desta técnica é que você não tem de trabalhar simultaneamente no conteúdo e na estrutura; assim, durante a fase criativa, tem mais liberdade para anotar tudo que lhe vier à mente, espontaneamente e sem inibições.

Algumas pessoas preferem começar fazendo anotações em pedaços de papel separados, que podem ordenar e modificar durante o processo de edição. Outras usam o mapeamento da mente, uma técnica que discutirei mais adiante.

Por fim, eis aqui um resumo do procedimento. (Você pode testá-lo: comece escrevendo uma carta, memorando, artigo etc.)

A. **Escreva espontaneamente** o que gostaria de incluir. Deixe seus pensamentos fluírem livremente; não se preocupe com a forma. Inclua também tudo que considerar não-pertinente; é uma boa forma de não permitir que dúvidas interfiram em seu fluxo de consciência. Além disso, você descobrirá que essas coisas levam a pensamentos que mais tarde vão se mostrar muito úteis. Encare este processo como um tipo de *brainstorm* pessoal. (Em retórica, é chamado de "*inventio*".)

B. **Encontre uma premissa**: veja se consegue encontrar em suas anotações uma linha de raciocínio — uma frase-chave ou algumas palavras-chave que resumam o objetivo de sua apresentação. Esta premissa servirá como orientação na fase de processamento. Tudo que não estiver relacionado à premissa poderá ser eliminado! Muitas vezes, a premissa tem a seguinte forma: "Se... então...". Por exemplo: "**Se** o perigo se aproximar, **então** todos pegaremos em armas". "**Se** soubermos o que os clientes desejam, **então** poderemos mantê-los." "**Se** os alunos se interessarem bastante pelo treinamento, **então** o resultado será um conhecimento de melhor qualidade." "**Se** optarmos por uma política diferente para a aquisição de matéria-prima, **então** o resultado será a diminuição do tempo de produção e dos custos." (Obviamente, estas quatro frases referem-se aos exemplos discutidos anteriormente.)

C. **Neste ponto**, podemos começar com a edição propriamente dita (*dispositio*):

1. Existe alguma coisa no texto que possa ser usada como introdução, para "captar a atenção" do público — para despertar o interesse, a curiosidade?
2. Quais as informações necessárias para que o receptor chegue à conclusão desejada? Que tipo de informação seria capaz de manter o interesse do receptor à medida que a apresentação evolui em direção ao objetivo? Use a premissa para ajudá-lo a distinguir as informações relevantes das irrelevantes.

3. Isto resulta em alguma pergunta ou afirmação que possa estimular o receptor a pensar de formas que possam conduzi-lo ao objetivo?
4. Que ponto, conclusão ou conhecimento desejamos que o receptor internalize?
5. Como podemos reforçar este conhecimento de modo que o receptor possa utilizá-lo? Em outras palavras, o que desejamos que o receptor faça depois de ter ouvido ou lido a apresentação?

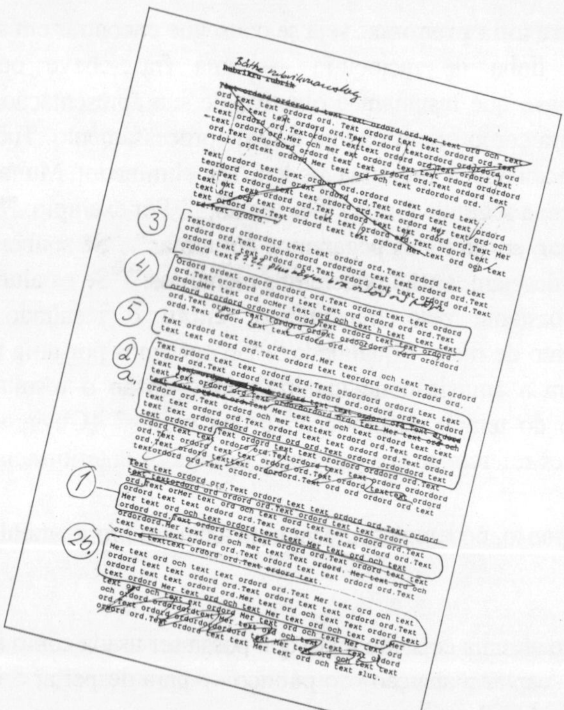

D. Reescreva o texto na ordem assinalada. Se necessário, inclua outras informações.

Revisão pedagógica

Adotando o mesmo procedimento usado para a edição pedagógica, você pode avaliar as apresentações (atividades do curso, filmes de vídeo, planos de aula ou pacotes de cursos completos) de outras pessoas, a fim de verificar seu valor pedagógico e decidir se e como podem ser mais bem utilizadas.

Como professor ou instrutor, você precisa conhecer a qualidade pedagógica de seu curso e do material utilizado. Os professores que têm plena consciência dos pontos fortes e fracos de seu material pedagógico podem fazer milagres se souberem tirar vantagem dos pontos fortes, reforçando-os e, ao mesmo tempo, compensar os pontos fracos. Uma revisão desse tipo normalmente segue o mesmo padrão descrito anteriormente, embora de preferência deva ser realizada na ordem inversa:

a. Como o autor espera que o novo conhecimento seja usado? Até que ponto isto coincide com seus objetivos pessoais?
b. Que ponto, mensagem, conclusão etc. os participantes esperam adquirir sob a forma de conhecimento?
c. Existem componentes que convidem os alunos a pensar — que, de alguma forma, estejam relacionados às suas experiências anteriores — e/ou que ofereçam oportunidades para a aquisição de novas experiências?

d. As informações são necessárias e suficientes? São organizadas de forma adequada?
e. O material consegue realmente captar o interesse dos alunos? Qual a probabilidade de eles se envolverem desde o início?

Em geral, é relativamente fácil compensar os pontos fracos que tenham sido observados — acrescentando material próprio ou, no caso de um palestrante convidado, oferecendo-lhe conselhos diretos e sugestões de mudanças.

Metamensagens: A revisão pedagógica deve incluir também uma verificação das metamensagens (coisas que o falante diz "nas entrelinhas") que possam influenciar os alunos. Estamos falando principalmente do "tom" da apresentação. Os textos também podem transmitir uma espécie de linguagem corporal, mensagens não-verbais, que infalivelmente revelam a atitude do autor em relação aos seus leitores ou ouvintes. Talvez não estejamos conscientes das metamensagens, mas elas ajudam a determinar nossa receptividade: podem nos fazer sentir insignificantes e ignorados, podem nos irritar, podem nos fazer sentir "burros, incompetentes e incapazes" etc. Algumas metamensagens observadas com freqüência (aqui ligeiramente exageradas) são:

— Você não entende isso; só eu entendo.

— Se você não consegue entender o que eu digo, a culpa é sua.

— Faça o que estou mandando, sem perguntas; quem pensa aqui sou eu.

— Não questione o que eu digo; é só escutar e você vai aprender alguma coisa.

Ao retratar a vida e os costumes do povo sueco, o escritor Albert Engström conta um caso mordaz de um velho pescador que ensinava o artista Bruno Liljefors a navegar. O diálogo era mais ou menos assim:

Pescador:

— *Tudo bem, Liljefors, este aqui é o barco, certo? E este ponto bem aqui na frente tem o nome de proa. Como é mesmo que se chama?*

Proa, repetiu obedientemente Liljefors. Depois de repetir o mesmo processo em relação à popa, o pescador disse:

— *Ótimo. Agora, se você quiser velejar com o vento na amura de estibordo...*

Liljefors interrompeu:

— *Se eu o quê?*

Ao que o pescador observou que "*burro desse jeito ele nunca vai aprender a navegar*". Tenho certeza de que você reconhece o fenômeno.

Da mesma forma, já ouvi muitos especialistas tirarem conclusões equivocadas sobre a eloqüência e a capacidade de outras pessoas simplesmente por não dominar sua linguagem. E, o que é pior, as pessoas parecem aceitar isso e se considerar "um zero à esquerda no que se refere à economia (ou qualquer outra área)". Numa entrevista pelo rádio, solicitaram ao dono de uma pequena empresa altamente bem-sucedida que revelasse o segredo de seu sucesso. Ele respondeu, tipicamente: "*Bem, não temos nenhuma idéia ou visão comercial sofisticada nem coisa parecida; sabemos apenas o que o cliente quer, e nisso somos bons; por isso seguimos esta linha, sem que isto nos custe mais do que deveria.*" Será que alguma outra pessoa poderia ter dito a mesma coisa de forma melhor?

A conclusão a que chegamos foi adequadamente resumida pelo futurólogo John Naisbitt: "Jamais subestime a capacidade das pessoas, mas jamais superestime seu conhecimento."

Em situações nas quais os alunos são solicitados a trabalhar com vários tipos de exercícios, o método que serve de base a esses exercícios é extremamente importante. "**O método é a mensagem**", na medida em que expressa uma expectativa tanto no que diz respeito ao tipo de conhecimento que se deseja quanto ao uso que se fará desse conhecimento. Portanto, a avaliação do método deve ser realizada tendo-se isto em mente.

Por exemplo: suponhamos que estamos conversando sobre o treinamento dos vendedores de um fabricante de computador. Se o exercício tratar principalmente das características técnicas dos computadores, a metamensagem será que essas características são os argumentos de venda mais importantes. Portanto, seria melhor se os exercícios se concentrassem nas necessidades dos clientes e no que eles poderão encontrar de valor em "nossos computadores" em oposição aos de nossos concorrentes. Além disso, talvez seja uma boa idéia certificar-se de que as sessões de treinamento estejam sendo realizadas da forma adequada: que sejam interessantes, que transmitam informações necessárias e suficientes, que sejam consideradas significativas, que levem a conhecimentos utilizáveis etc.

Algo a ponderar...

Se desejamos
ajudar alguém a alcançar um objetivo
temos de descobrir onde ele se encontra no momento
e dali partir.

Se não pudermos fazer isso,
tudo que nos resta é desistir
de acreditar que podemos ajudar os outros.

Antes de poder ajudar alguém,
temos de saber mais que ele
mas, acima de tudo,
temos de entender o que ele entende.
Se não pudermos fazer isso, nosso conhecimento será em vão.

Se, mesmo assim, quisermos mostrar o quanto sabemos,
será só por sermos fúteis e arrogantes;
nosso verdadeiro objetivo é sermos admirados
e não ajudar os outros.

Toda verdadeira vontade de ajudar
começa com a humildade diante dos que desejamos ajudar,
por isso entendemos
que ajudar
não é um desejo de dominar,
e sim de servir.

Se não pudermos fazer isso
também não poderemos ajudar alguém.

Pensamentos sobre ensino e aprendizado do filósofo dinamarquês Søren Kierkegaard.

Pelos olhos do aluno. Participei de muitas reuniões de planejamento de cursos, conferências e seminários, e o que sempre me surpreende é que, em sua maioria, elas tratam apenas do que o professor, ou palestrante, vai fazer, não do que os alunos vão fazer: "*Primeiro, falarei sobre isto ou aquilo, depois você mostrará os* slides *e depois eu descreverei...*"

A abordagem inversa — se olharmos as coisas pela perspectiva do aluno — pode nos beneficiar:

"*Primeiro, eles ouvirão isto ou aquilo, depois verão os* slides *e depois ouvirão minha descrição dos...*"

Normalmente, os resultados deste tipo de planejamento são bastante diferentes. Já tive oportunidade de perceber, em primeira mão, como o tempo necessário a uma palestra pode ser reduzido à metade, sem que nada fique de fora, através do emprego desta técnica simples. Tudo que você tem a fazer é colocar-se no lugar do aluno e tentar desenvolver um curso no qual gostaria de participar.

(Compare isto com o que a maioria de nós faz, por exemplo, ao planejar uma festa. Acendemos a luz do *hall* de entrada para deixar nossos convidados à vontade antes mesmo de chegarem à nossa porta. Sabemos que eles precisam pendurar os casacos em algum lugar. Escolhemos seus lugares à mesa de modo a garantir sua máxima interação. Escolhemos cuidadosamente a música a ser colocada após o jantar, animando as pessoas a se levantarem do sofá e começarem a dançar. E assim por diante. Em suma: planejamos a festa segundo os olhos de nossos convidados.)

Da mesma forma, você pode planejar uma sessão de treinamento inteira — passo a passo — e tentar vislumbrar a reação dos participantes — como eles "avaliariam o curso".

Na última seção deste livro (parte 5), apresento um formulário de avaliação que pode ser usado com este objetivo. Os pontos principais são apresentados aqui.

Finalmente, outra citação de John Naisbitt, que descreve com precisão a reação de muitos alunos aos treinamentos e "comunicações internas" aos quais são submetidos:

"Estamos nos afogando em informações, mas sedentos de conhecimentos."

O PROCESSO DE APRENDIZADO	QUAL SERÁ A REAÇÃO DAS PESSOAS
Interesse, curiosidade Preparação mental e receptividade.	Que atitudes elas tinham antes? O que pensarão depois de terem ouvido minha apresentação?
Informações Os fatos e dados são transformados em informações.	**Será que vão escutar?** Como reagirão à minha escolha de informações, palavras, exemplos e à seqüência de apresentação?
Processamento As informações são transformadas em experiência e descoberta.	**Será que terão participação ativa?** Será que verão motivos para trabalhar com isto? Algum valor?
Conclusão A experiência e descoberta são transformadas em conhecimento.	**O que será que vão achar que aprenderam?** Será que vão achar que seu esforço valeu a pena?
Aplicação O conhecimento é transformado em habilidades e atitudes — e em sabedoria.	**Será que vão achar o processo útil?** Será que conseguirão estabelecer paralelos entre este material e sua situação de trabalho real? Usarão seus novos conhecimentos?

Como os participantes "avaliarão seu treinamento"?

Aprendizado colaborativo

Certa ocasião, fiz uma palestra para um grupo de gerentes de uma construtora. A sala tinha sido casualmente transformada em uma sala de conferência, com um *flipchart* próximo a uma das paredes altas. Os participantes estavam sentados em semicírculo, em cadeiras comuns. O clima era relativamente informal; entretanto, aconteceu algo curioso. Depois que eu havia desenhado diagramas e apresentado explicações durante cerca de meia hora, fiz um intervalo. Foi então que um dos participantes levantou o braço e disse:

— Desculpe, mas não está dando para ver nada.

Sem saber bem o que dizer, respondi:

— Como?

— Posso mudar de lugar? — perguntou.

Lancei-lhe um olhar estranho, ao que ele mudou a cadeira de lugar e disse:

— Obrigado, agora dá para ver tudo.

Penso muito nesse episódio quando participo de discussões sobre formatos de cursos e planos de aula, mas nunca sei como interpretá-lo. Será que se trata de um exemplo de um aluno que assumiu a responsabilidade de buscar melhores condições para o aprendizado? Talvez, mas, se o for, pergunto-me o que essa pessoa, que todo dia toma sozinha decisões envolvendo milhões e milhões de dólares, ficou fazendo durante a primeira meia hora da palestra.

Já vi também exatamente o oposto: logo no início do curso, o instrutor convida os alunos a participarem de uma discussão e os mais falantes usam a oportunidade para fazer sermões, normalmente sobre as coisas mais insignificantes. Além disso, esses discursos normalmente levam a discussões longas, que envolvem apenas algumas pessoas. O instrutor pode se orgulhar de ter "conseguido envolver os participantes na discussão", mas isso não chega a ser verdade, pois outras pessoas continuam ali sentadas, ouvindo passivamente discussões que não têm absolutamente nada a ver com o assunto que está sendo tratado.

Muitos dos instrutores que treinei observaram que se trata de uma espécie de armadilha: um monólogo torna os alunos passivos, enquanto a discussão acaba totalmente com os planos de aula. O que resta, então? (Acredito que esta última experiência é o que leva muitos professores a optar pela alternativa do monólogo, pois isso pelo menos lhes confere algum controle da situação.)

Existe apenas outra opção:

Deixar que os alunos colaborem e dividam a responsabilidade por sua instrução. (Não deveria ser necessário dizer isso, mas o principal objetivo do ensino é satisfazer às necessidades dos alunos.) Deixe-me estabelecer um paralelo:

Qual o comportamento típico das pessoas que participam de uma reunião de grupo razoavelmente produtiva com cerca de cinco, seis ou sete participantes? Primeiro, sabemos que o objetivo primordial da reunião é que todos compreendam, participem e aprendam. Por isso podemos ouvir inúmeros comentários do tipo: "Não estou entendendo isso muito bem; será que dá para explicar de novo?" "Podemos voltar à sua descrição e compará-la com esta idéia?" "Não vejo a relação entre A e B." "Se isto for verdade, será que não deveríamos então experimentar isto?" "Será que você pode nos dizer o que fez em...?" "Se algo não ficou muito claro, podemos parar dez minutos para verificar e ver se entendemos as coisas do mesmo jeito" etc.

Aqui, o ensino espontâneo e o aprendizado espontâneo ditam o comportamento dos participantes. Mesmo que às vezes a reunião pareça algo desorganizado, os participantes são constantemente estimulados a levar a discussão adiante. Essa organização funcionará desde que se respeitem duas condições: que o grupo não seja grande demais e que os participantes tenham noção de responsabilidade e estejam dispostos a aceitá-la. A questão então é: como podemos gerar condições equivalentes num curso para vinte ou trinta pessoas que não têm um objetivo em comum? Afinal, o que importa são os esforços dos alunos, não os do professor.

Quase sempre é uma boa idéia dividir os participantes em grupos de cinco, seis pessoas, e colocar cada grupo em uma "ilha" isolada na sala. Este *layout* proporciona a cada participante uma base onde ele/ela pode obter ajuda na compreensão das coisas que não estão nítidas, discutindo problemas que podem parecer triviais demais para a turma como um todo etc.

O instrutor, por outro lado, pode usar o número limitado de grupos para equilibrar as diferenças nos processos de aprendizado das pessoas. Ele não tem de dedicar a mesma quantidade de tempo a cada aluno, pois as variações em termos de conhecimentos anteriores, capacidade de concentração e compreensão podem, em grande parte, ser absorvidas e administradas dentro dos próprios grupos — se o desenvolvimento do curso o permitir. (Neste caso, a cooperação entre os alunos, que em uma escola tradicional seria chamada de "cola", poderia ser usada como um recurso adicional ao ensino.) Mesmo nos poucos casos em que este tipo de grupo não funciona como deveria (porque um membro é dominador demais ou porque as diferenças na formação e nos valores são grandes demais), os benefícios ainda superam as limitações. (Se os problemas forem sérios demais, talvez baste que o instrutor reagrupe os participantes e converse com eles sobre os problemas.)

O que gostaria de enfatizar aqui é que a turma deve ser dividida em grupos de trabalho menores, o que pode possibilitar o desenvolvimento de uma boa interação entre os participantes e o instrutor.

O velho provérbio que diz que "a resistência da corrente depende de seus elos" sem dúvida é verdadeiro e, já que todo treinamento baseia-se em um processo de avançar em etapas, fica óbvio que se um aluno fica para trás em alguma etapa do processo de aprendizado, a próxima etapa pode facilmente lhe parecer insignificante. Uma pessoa que não estiver interessada não será receptiva à informação; se a pessoa estiver interessada mas a informação for inacessível, não haverá nada a ser processado; e assim por diante. Para evitar isso, precisamos de um ponto de verificação na passagem de uma etapa para a outra.

(Do contrário, o que aconteceu com uma professora de ciências do segundo grau pode acontecer conosco. Ela pediu aos alunos para escreverem uma redação sobre *eutanásia* [euthanasia]. Em seguida, para dar-lhes alguma base, passou cerca de meia hora dissertando sobre o sofrimento provocado pelas doenças terminais, os sentimentos ambivalentes dos entes queridos, as questões éticas envolvidas em se tirar a vida de outro ser humano e assim por diante. Quando, mais tarde, começou a corrigir as redações, percebeu, para sua decepção, que não havia definido o termo "eutanásia" [euthanasia]; vários de seus alunos haviam feito redações sobre *os jovens na Ásia* [youth in Asia]).*

Controle contínuo da qualidade: vamos partir do princípio de que estamos falando de uma sessão de quatro horas. Se depois de quinze ou vinte minutos os participantes não tiverem entendido o objetivo da sessão, ou não ficarem interessados nem motivados, o que se segue provavelmente não terá grande valor. Os participantes não têm às mãos um controle remoto para desligar o instrutor, por isso simplesmente mudam sua mente de canal. (Existe um ditado que diz que, em um bom filme de faroeste, o herói, o vilão e a cena da ação precisam ser apresentados nos cinco primeiros minutos de projeção.)

É onde entram os grupos de trabalho: O instrutor faz uma breve pausa para lançar um desafio ou uma pergunta do tipo: "Estão reconhecendo este problema?" As respostas dos grupos (ou talvez de apenas um grupo) não apenas dão ao instrutor uma idéia da compreensão do objetivo pelos participantes como também ajudam a estimular o interesse dos outros.

Porém, e mais importante, seguidas de pausas, estas perguntas dão a cada pessoa a chance de pensar sozinhas (da mesma forma que nós, espontaneamente, fazemos uma pausa, durante a leitura de um livro, a fim de absorver o que lemos).

* Apesar dos significados distintos há uma semelhança fonética entre as duas expressões em inglês, daí o engano (N. do E.).

Da mesma forma, podemos inserir um ponto de verificação entre todas as pausas naturais do processo, a fim de verificar a qualidade do aprendizado que ocorreu.

Perguntas simples, como estas, talvez sejam suficientes:

1. Após a **introdução**, a fim de verificar a atenção e o interesse: "Você concorda com isto/Reconhece isto?" "O que faria de forma diferente se soubesse como...?" "O que significaria para você, pessoalmente, a capacidade de resolver este tipo de problema?" Outro tipo de pergunta: "Com que freqüência você depara com este tipo de situação?" "Em sua opinião, qual seria o efeito se...?" Outro tipo, ainda (que dá uma pista sobre o que virá em seguida): "O que impede que você/nós...?" "O que você precisaria saber para...?"
2. Após a etapa de **informação**: "Sendo assim, o que temos como material de trabalho?" "Vocês precisam de mais alguma informação?" (embora esta seja uma pergunta difícil de responder, já que não há como ter certeza da necessidade de qualquer informação adicional até chegarmos à etapa de processamento).
3. Após o **processamento** — a própria atividade dos participantes: "Então, a que conclusões vocês chegaram?"
4. Após a **transformação**, ou seja, quando as experiências e conclusões já tiverem sido expressas sob a forma de conhecimento em termos relativamente gerais: "Em que você poderia aplicar estes conhecimentos?" "Agora que você já aprendeu isto, o que poderia fazer de forma diferente?"
5. Após a **transferência**, ou seja, quando os participantes tiverem recebido ajuda na aplicação do conhecimento a uma situação prática: "O que foi fácil? O que foi difícil?" "Que dificuldades você acha que terá em outras situações semelhantes?"

Se o instrutor não der um tempo para estas pausas e simplesmente falar sem parar, seria interessante então que você, aluno, solicitasse um breve intervalo (de mais ou menos um minuto), caso esteja com problemas, para "conversar com os outros membros do grupo". Ou as outras pessoas o ajudarão ou você descobrirá que várias delas têm o mesmo problema e, juntos, vocês podem pedir explicações. Não tomar essas iniciativas por "não querer atrapalhar/incomodar o professor" equi-

O ensino tradicional assume várias formas, mas todas elas têm uma coisa em comum — fecham as portas às pessoas que supostamente deveriam atingir.

vale a não assumir a responsabilidade e, assim, sair do curso de mãos abanando.

Além disso, você estará prestando um "desserviço" ao instrutor. (Certa vez, um amigo meu passou um dia inteiro dando um curso para um grupo de alunos japoneses e notou que eles não estavam demonstrando muito interesse. Mencionou isso ao líder do grupo, que explicou por quê: "Provavelmente é porque nenhum deles entende uma palavra de inglês.")

Obviamente, estes "pontos de verificação" podem ser colocados com maior facilidade se o instrutor fizer perguntas como as que acabei de sugerir. Porém, nem todos acham que esta é uma boa idéia. Uma objeção comum é que os "alunos não conseguem ou não vão responder a perguntas como estas com sinceridade". Esta é uma desculpa esfarrapada; às vezes acho que o inverso é que é verdadeiro: os professores é que não se atrevem a responder a essas perguntas porque as respostas podem revelar deficiências e, acima de tudo, "atrapalhar o processo de ensino". (Quando quero ser particularmente maldoso nessas discussões, sugiro que o curso seja dado sem absolutamente aluno algum, para evitar qualquer espécie de perturbação.)

Porém, há motivos para acreditarmos que alguns alunos têm medo de assumir responsabilidades: as regras desta abordagem ao trabalho em grupo são ambíguas e as antigas convenções (percepções dos papéis tradicionais) tornam os alunos inseguros e apreensivos.

(Eu mesmo tive esta experiência: os funcionários de uma grande fábrica foram convidados a participar de um curso sobre a empresa, a liderança e o futuro. Diversos deles ligaram no primeiro dia, alegando estar doentes e só começaram a freqüentar o curso quando seus colegas lhes asseguraram que o curso "não era perigoso".)

Em condições como estas, seria uma boa idéia, no início do curso, estabelecer um "contrato pedagógico" com os alunos que estipulasse as condições de aprendizado e as regras do jogo, da seguinte forma:

Contrato pedagógico: As avaliações do curso são uma ferramenta relativamente comum: os alunos são solicitados a responder diversas perguntas no final do curso, indicando os pontos que consideraram bons e que não consideraram tão bons. Com menor freqüência, são solicitados a avaliar seus próprios esforços, o que mostra que a velha noção de que o professor, sozinho, é responsável pela instrução dos alunos, ainda é altamente entranhada.

Para mudar isso, precisamos de duas coisas:

1. **Avaliar também os esforços dos participantes**. Em outras palavras, o formulário de avaliação deve incluir perguntas sobre o que os participantes fizeram para gerar boas condições para o aprendizado.
2. Apresentar e discutir a folha de avaliação no **início do curso** (o que pode ser feito após a apresentação), a fim de estabelecer previamente o que promove o aprendizado e definir quais são as "regras do jogo" e como a responsabilidade deve ser compartilhada.

É assim que professor e alunos podem ajudar-se mutuamente a definir, desde o início, determinadas diretrizes sobre o funcionamento do processo de aprendizado, facilitando muito a identificação dos fatores que o promovem e o atrapalham.

O "discurso de agradecimento" dos alunos apresentado nas páginas 103 a 107 também está disponível em filme. Quando apresentado no começo do curso, demonstrou ser de grande ajuda no sentido de deslanchar esse processo. Quando o filme acaba, o professor diz que este não é o tipo de discurso de agradecimento que espera ouvir no final do curso e pergunta: "*Como poderemos nos ajudar mutuamente a evitar este tipo de resultado?*" O formulário de avaliação pode então ser usado como ponto de partida para a discussão.

O resultado, o "contrato pedagógico", obviamente não precisa existir por escrito. Consiste meramente em um acordo sobre o tratamento das situações críticas. Por exemplo:

— O que fazer quando alguém se perde e não consegue acompanhar o ritmo?
— O que fazer quando as coisas realmente ficam chatas?
— O que fazer quando o instrutor começa a "encher lingüiça"?
— O que fazer quando não conseguimos ver o propósito das palestras e dos exercícios?
— O que fazer quando precisamos de mais tempo para pensar?

— O que fazer para tirar melhor proveito do conhecimento e da experiência que as pessoas do grupo já têm?
— O que fazer quando nossa experiência contradiz a mensagem da apresentação?
— Como associar o que aprendemos às nossas responsabilidades de trabalho e às nossas necessidades concretas?
— O que fazer quando preferimos ter respostas às perguntas em vez de informações sobre as coisas que não perguntamos?

Para garantir que essa empreitada não seja percebida como uma atividade isolada, não-relacionada ao próprio objetivo do curso, você deve esperar o *término* da introdução e só então apresentar detalhadamente o conteúdo do curso. (Não é incomum que os participantes fiquem inseguros quando os rituais tradicionais de treinamento são totalmente eliminados.)

Dessa forma, as perguntas pedagógicas podem ser diretamente relacionadas ao material do curso planejado, e o instrutor pode apontar as coisas que considera especialmente importantes: "*Amanhã de manhã vamos ter um convidado que vai conversar com vocês sobre como as diferentes formas de organizar a produção afetam os níveis afins de capital, e é importante que vocês criem um clima agradável, sem simplesmente ficarem sentados ouvindo e deixando que ele faça o trabalho todo. Como poderíamos nos preparar melhor?*"

Pré-avaliação: A idéia de compartilhar a responsabilidade não significa que você precisa passar grande parte do curso discutindo qual deveria ser o conteúdo do curso e como ele deveria ser apresentado.

(Durante a década de 1970, deixar que os participantes resolvessem qual seria o conteúdo do curso estava na moda. Quando chegávamos, éramos distribuídos em grupos para discutir os "problemas que tínhamos no trabalho" qualquer que fosse o tópico do curso. Depois de algumas horas, apresentavam-se as respostas do grupo e éramos convidados a participar de uma longa discussão sobre o conteúdo do curso e sua apresentação, o que acabava levando a um comprometimento insatisfatório. Nosso modelo para isto era a assembléia municipal e a renúncia do líder.)

Isso significa que, antes de cada sessão importante do curso, o instrutor "coloca as cartas na mesa", descrevendo o plano do curso, apresentando as atividades planejadas para os participantes etc. Essa descrição pode ser um pouco detalhada e incluir exemplos do conteúdo do curso, bem como a idéia subjacente a cada componente. Os participantes podem então colocar seus pontos de vista, de preferência por grupo, e talvez sugerir uma mudança nas prioridades. Isso proporciona três benefícios:

Primeiro, os participantes àdquirem o que às vezes é chamado de "pré-compreensão". Em outras palavras, têm uma idéia do todo, do contexto geral, do valor do curso; mais tarde, essa noção fará com que fique mais fácil permanecerem no caminho certo.

Segundo, fornece ao instrutor dados para adaptar e ajustar seus planos às condições predominantes.

Terceiro, oferece a oportunidade (entre sessões mais longas, por exemplo) de discutir o contrato pedagógico e modificá-lo, se necessário.

Lamentavelmente, muitas pessoas ainda não aceitaram esta abordagem como um método de trabalho legítimo de uma situação de aprendizado. Dizem: "Na prática, não funciona". "Baseia-se em uma visão romântica e idealizada da realidade." O estranho é que alguns segundos depois, essas mesmas pessoas podem usar o mesmo método para planejar, digamos, uma viagem ao Japão: "Quais são nossos planos? O que poderemos ver lá? Não seria melhor visitarmos A primeiro e depois B? Será que podemos passar mais tempo em C para aprendermos a ...?" E assim por diante.

Será que essas pessoas simplesmente não acreditam na capacidade de seus alunos de assumir a responsabilidade — uma profecia auto-realizável que podem usar para provar que estavam certos?

Em suma: Um curso bem planejado deveria oferecer uma margem para ajustes e adaptações, de modo a garantir que as condições de aprendizado predominantes em uma determinada época sejam as melhores possíveis. Deve ser planejado de modo a ajudar os alunos a entenderem como o processo de aprendizado funciona, para que possam demandar mais de seu treinamento e de si próprios.

Deve proporcionar condições nas quais os alunos possam tomar a iniciativa de avaliar e influenciar o treinamento, junto com seu professor.

Apresento aqui três níveis diferentes de aspirações. Faço-o porque as aspirações que não parecem realistas em uma situação podem ser muito realistas em outra. Porém, as três possuem dois objetivos fundamentais em comum:

1. Proporcionar aos participantes a oportunidade de assumir uma responsabilidade substancial pelos seus próprios esforços e, assim, pelo seu próprio aprendizado.
2. Ajudar continuamente os participantes a aprender mais sobre seu próprio processo de aprendizado, para que possam desenvolver uma capacidade permanente de assumir essa responsabilidade.

Os três níveis de aspiração são:

1. O professor e os alunos devem dialogar entre si, a fim de garantir que estes últimos tenham avançado o suficiente em cada etapa do processo de aprendizado para que a próxima etapa seja significativa.
2. No início do curso, os alunos devem ter uma "pequena aula" sobre as condições para o aprendizado. Depois, o professor e os alunos devem "assinar um contrato" segundo o qual concordam em trabalhar juntos de modo a garantir que as condições para o aprendizado sejam as ideais. Na prática, isso pode ser uma questão de analisar e discutir o formulário de avaliação que será distribuído no final do curso: "O que podemos fazer juntos para que o curso tenha a melhor avaliação possível?"
3. Como complemento ao que foi dito acima, o professor deve apresentar uma introdução e descrição de cada seção principal do curso. Essa descrição pode então ser usada como base para a discussão das melhores formas de utilização de recursos, principalmente o tempo. (Portanto: "*pré-avaliação*" e não apenas *avaliação*.)

SÚPLICA DOS ALUNOS	O CURSO É PROGRAMADO DA SEGUINTE FORMA
Interesse, curiosidade "Não reprima minha curiosidade natural, desperte-a!"	**O problema** "Durante a próxima hora, discutiremos..."
Informação "Dê-me apenas as informações necessárias, não um monte de informações desnecessárias."	**O conteúdo** "Nesta breve apresentação, falarei sobre... Isto lhes dará as respostas sobre..."
Processamento "Deixe-me pensar por mim mesmo e tirar minhas próprias conclusões."	**A atividade** "Então vocês terão uma oportunidade de trabalhar juntos em..."
Conclusão "Ajude-me a encontrar um contexto para as coisas que aprendi."	**O conhecimento** "Finalmente, tentarei..., o que significa que vocês conhecerão..."
Aplicação "Ajude-me a usar meu conhecimento, para que ele não se esvaia, tornando-se inútil."	**O efeito** "Terminarei falando sobre a aplicação prática da teoria que vocês aprenderam."

Pré-avaliação: Avaliação.

Mapeamento da Mente

"Escreva como você pensa, não como fala." Esta afirmação refere-se a uma técnica de anotação conhecida comumente como mapeamento da mente. As anotações são um excelente auxílio para a memória, mas não é fácil fazer boas anotações, principalmente durante palestras, reuniões e, às vezes, quando se está estudando um livro.

O mapeamento da mente tem ajudado inúmeras pessoas no mundo inteiro a organizar suas anotações.

Quando fazemos anotações, não escrevemos, digamos, "O telefone da casa dc Eva é XYZ." "Escrevemos: 'Eva — XYZ (casa)." Em nossas agendas, não escrevemos "Hoje, ao meio-dia, tenho um almoço com George Peterson." Escrevemos: "Almoço George P. meio-dia."

Para descrever a organização dc uma empresa, é mais fácil usar imagens do que escrever um longo discurso. Os folhetos distribuídos em reuniões etc. normalmente são uma grande confusão de palavras, círculos, quadrados, setas e linhas que, entretanto, fazem sentido — tanto quando são desenhados quanto como imagem para a memória — para os participantes da reunião, pois as formas e cores estimulam o processo de associação.

O motivo pelo qual tantas pessoas têm problemas em fazer anotações parece ser o fato de serem fortemente influenciadas pelas apresentações por escrito em geral. Mesmo se você for "uma pessoa de poucas palavras" e usar abreviações, o padrão destas anotações basear-se-á nas convenções

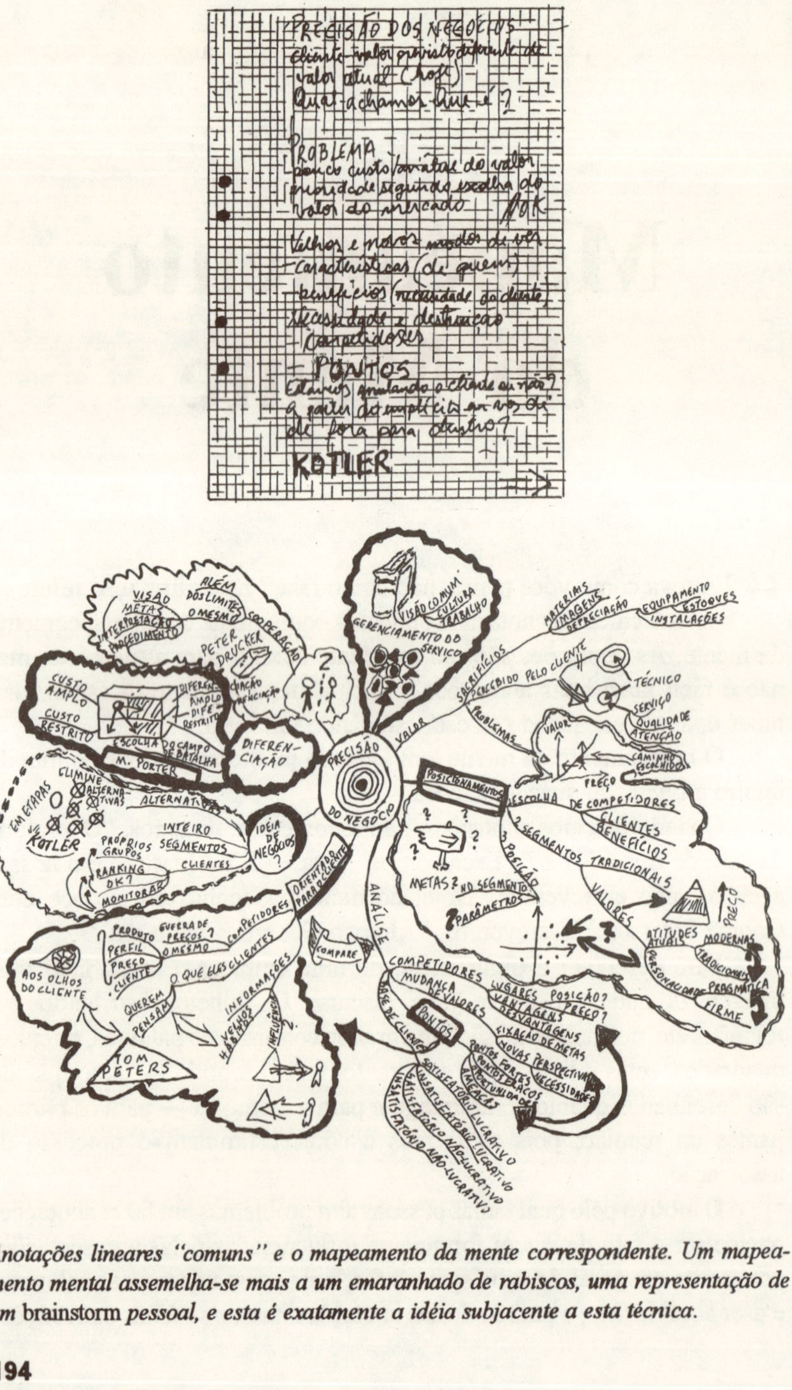

Anotações lineares "comuns" e o mapeamento da mente correspondente. Um mapeamento mental assemelha-se mais a um emaranhado de rabiscos, uma representação de um brainstorm *pessoal, e esta é exatamente a idéia subjacente a esta técnica.*

da linguagem escrita. Por exemplo, as pessoas normalmente começam no canto superior esquerdo e continuam escrevendo, linha após linha, da esquerda para a direita, de cima para baixo. Isso, sem dúvida, é um excelente modelo para a linguagem escrita: a linguagem escrita é uma imitação da linguagem falada e, necessariamente, linear, ou seja, uma palavra depois da outra, uma frase depois da outra etc. (As pessoas de outras culturas talvez comecem num canto diferente da página, mas ainda assim seguem um padrão linear.)

O interessante a respeito do mapeamento mental é que ele passa ao largo da estrutura linear da linguagem. Baseia-se em nossa forma de associação. E neste ponto deve ficar claro que a forma utilizada pelo cérebro para fazer associações é tudo, menos linear. Pode ser mais bem descrita como orgânica e é exatamente este o significado da exortação "escreva como pensa": deixe suas associações fluírem em todas as direções e suas anotações refletirão isso.

Diversos livros foram escritos sobre o mapeamento da mente; dentre eles, os mais famosos provavelmente são os de Tony Buzan, principalmente um entitulado *Use your head* [Use sua cabeça]. Em várias destas descrições do mapeamento da mente, descobrimos logo que o que os autores realmente estão propondo é um retorno à forma através da qual nossos ancestrais faziam anotações antes de ter acesso à linguagem escrita. O fato de nossos antepassados terem usado imagens, e não palavras, não tem grande importância. O interessante é como eles organizavam as informações — como um padrão de associações.

Se você realmente nunca tiver ouvido falar sobre mapeamento da mente, esta é uma oportunidade de aprender um pouco. Vamos escolher um assunto que lhe é altamente familiar: *você*. E suponhamos que esteja procurando um emprego novo e seja solicitado a apresentar seu currículo. Se usar o método tradicional, começará no canto superior esquerdo do papel, escrevendo "Nome: XX", e acrescentará cada item de informação, um após o outro. Embora a versão final fique parecida com a figura que se segue, se você fizer antes um mapeamento da mente, poderá estimular seus pensamentos e dar total liberdade às associações. Eis como:

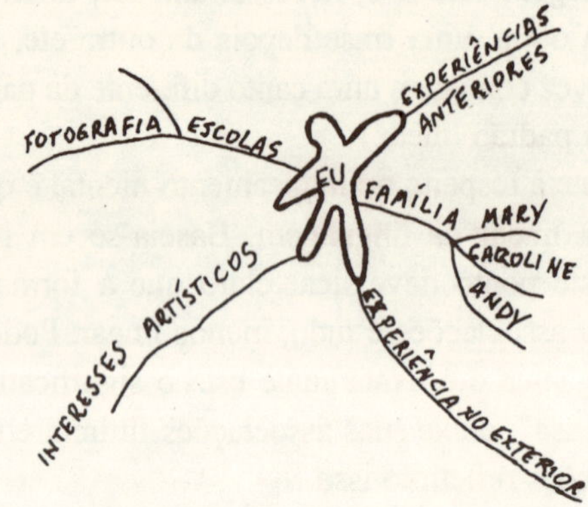

Pegue uma folha de papel sem pauta grande (de preferência de 28 por 43 cm) e coloque-a à sua frente, no sentido horizontal. Comece no meio do papel, com um desenho de si mesmo e talvez a palavra "eu". (Tony Buzan e outros recomendam que devemos investir algum tempo neste desenho, pois ele proporciona à nossa mente a chance de associar e colocar o tópico em foco.)

Em seguida, tente fazer algumas ramificações com palavras-chave simples: "família", "escolas", "interesses", "experiências anteriores" etc.

Deixe que suas associações fluam, orientando-o. Logo que pensar em algo relacionado a uma das principais ramificações, desenhe um pequeno ramo saindo do principal e escreva uma palavra-chave adequada. Suas associações podem então passar de uma ramificação para outra e pode até surgir uma associação que o leve a uma nova ramificação ("experiência no exterior" etc.), que você poderá então acrescentar ao mapa da mente.

O resultado será uma grande rede que reflete suas associações durante o processo. Inclua tudo em que puder pensar, mesmo que sua intuição lhe diga que isso não será parte da versão final; itens irrelevantes podem muito bem levar a novas associações, que serão úteis. Esta parte do processo pode ser comparada a uma espécie de *brainstorm* pessoal. (Compare este processo à etapa da retórica conhecida como *inventio*.)

O próximo passo é "editar" o mapa da sua mente. Pode ser apenas uma questão de desenhar setas entre algumas das ramificações menores, para mostrar que estão relacionadas umas às outras, ou fazer um círculo em volta de uma parte da rede que você ache que representa uma gestalt individual etc.

O uso de cores diferentes também pode ser de grande ajuda, pois as cores estimulam sua imaginação, proporcionando-lhe uma visão do todo. Na primeira etapa do trabalho de edição, você provavelmente descobrirá novas associações e acrescentará outras ramificações, maiores ou menores.

Você acabará tendo uma boa perspectiva do tópico em questão; sua tarefa será então decidir que informações deseja incluir em seu currículo, e que forma ele deverá ter. Obviamente, a forma mais fácil é numerar as ramificações que considera relevantes, na ordem que considerar mais adequada, levando em conta os princípios da edição pedagógica discutidos anteriormente. (Compare este processo à etapa da retórica que conhecemos como *dispositio*.)

Feito isto, tudo que você tem a fazer é sentar diante do computador ou de um ditafone e escolher as palavras que deseja usar.

Muitos palestrantes planejam suas apresentações desta forma e depois usam os mapas da mente como cartões de referência. Muitas pessoas se preparam para conversas telefônicas fazendo um mapa mental simples em um bloco de anotações e acrescentando novas palavras-chave à medida que a conversa avança. Nas reuniões, as anotações tomadas desta forma são muito mais fáceis de serem associadas, mais tarde, ao que realmente aconteceu na reunião.

Esta técnica também tem valor inestimável no estudo.

Resumi, nas páginas que se seguem, os princípios mais importantes do mapeamento da mente.

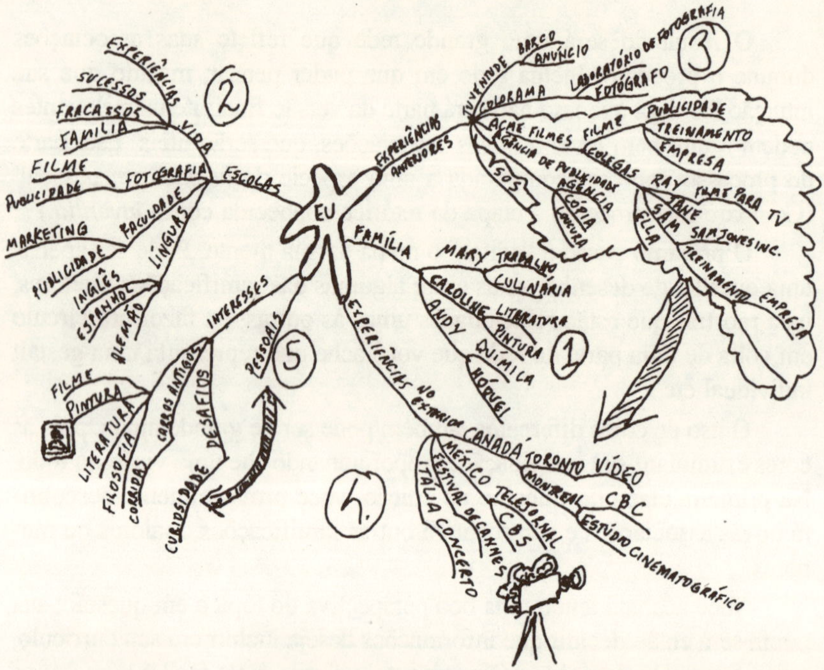

Depois, tudo que você tem a fazer é sentar-se diante do computador ou do ditafone e escolher as palavras que deseja usar.

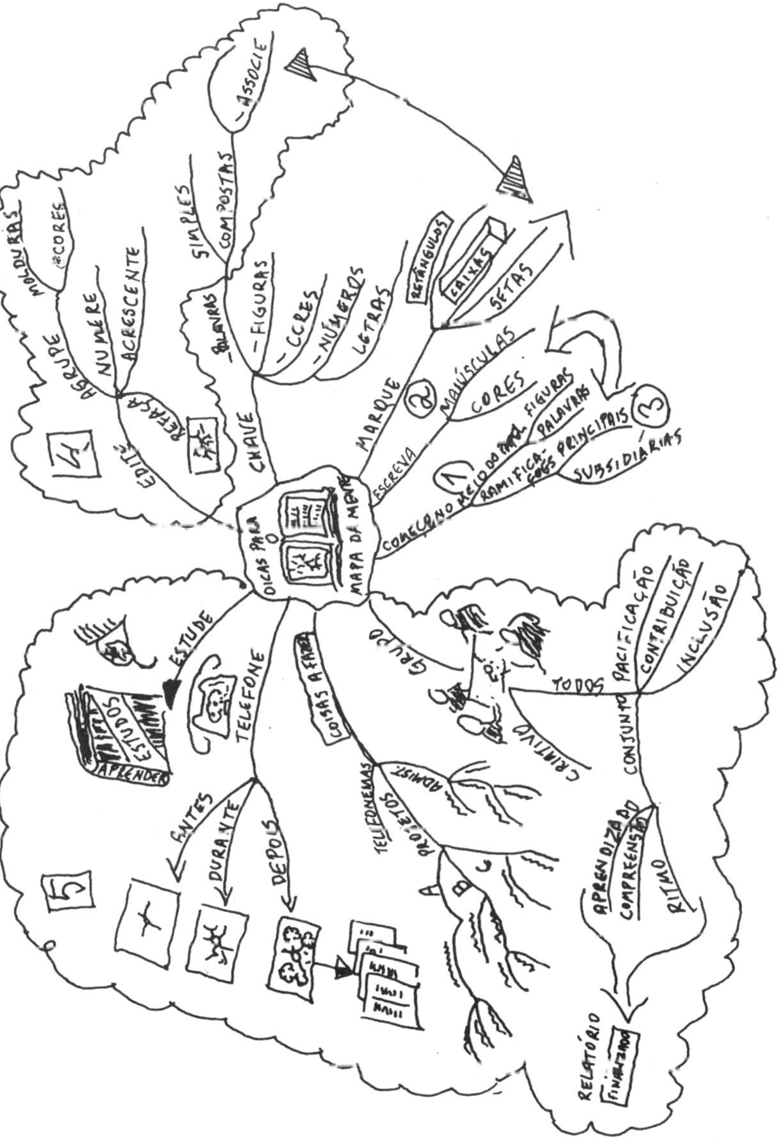
DICAS PARA O MAPA DA MENTE
CHAVE
PALAVRAS
SIMPLES
COMPOSTAS
ASSOCIE
FIGURAS
CORES
NÚMEROS
LETRAS
MARQUE
RETÂNGULOS
CAIXAS
SETAS
ESCREVA
MAIÚSCULAS
CORES
FIGURAS
PALAVRAS
RAMIFICAÇÕES PRINCIPAIS
SUBSIDIÁRIAS
EDITE
REFAÇA
AGRUPE
MOLDURAS
CORES
NUMERE
ACRESCENTE
ESTUDE
ESTUDOS
APRENDER
TELEFONE
ANTES
DURANTE
DEPOIS
COISAS A FAZER
TELEFONEMAS
PROJETOS
ADMIST.
GRUPO
TODOS
CRIATIVO
CONJUNTO
PACIFICAÇÃO
CONTRIBUIÇÃO
INCLUSÃO
APRENDIZADO
COMPREENSÃO
RITMO
RELATÓRIO
FINALIZADO

DICAS PARA O MAPEAMENTO DA MENTE

Pegue uma folha de papel sem pauta (28 por 43 centímetros é um bom tamanho, mas você pode usar também um papel tamanho carta). Coloque-a à sua frente, de preferência na horizontal. Use lápis ou canetas de **cores** diferentes.

Comece **no meio do papel** com um desenho simples, pequeno, e talvez uma legenda.

Em seguida, faça pequenas **ramificações** e escreva nelas **palavras-chave**.

Se sua letra for difícil de entender, escreva as palavras em MAIÚSCULAS.

Evite escrever várias palavras na mesma ramificação. Por exemplo, se escrever atividades NO TRABALHO, coloque ATIVIDADES na **ramificação principal** e NO TRABALHO na **ramificação subsidiária**. Desta forma, você deixa espaço para novas associações, ou seja, mais tarde poderá acrescentar outras ramificações subsidiárias com palavras como CONTEÚDO, PROCEDIMENTOS e OBJETIVOS.

Destaque palavras ou **figuras** para as coisas que considerar especialmente importantes. Lembre-se, você está fazendo um desenho, e não escrevendo um texto.

Se coisas que estão "logicamente" relacionadas acabaram ficando em partes diferentes do mapa da mente, **desenhe setas** que mostrem esta relação.

Inclua também coisas que inicialmente parecem **irrelevantes**, mas que podem levar a novas associações.

Se você empacar, escolha aleatoriamente uma palavra-chave. (Aponte qualquer lugar do texto e escolha o substantivo ou verbo mais próximo.)

Continue acrescentando coisas ao seu mapa da mente até sentir que já colocou grande parte de suas idéias no papel.

Em seguida, edite seu mapa da mente:

Uma das formas de se fazer isto é **traçar um círculo** sobre as coisas afins (de preferência usando uma cor diferente para cada tipo).

Insira números, a fim de indicar a ordem de importância, ou a fim de indicar uma ordem adequada para uma possível apresentação.

Faça acréscimos ao seu mapa da mente — novas ramificações, palavras-chave e desenhos — à medida que surgirem novas associações.

Outros usos:

Para conversas pelo telefone: Prepare-se para discussões (importantes) pelo telefone fazendo um pequeno mapa da mente durante alguns minutos, a fim de garantir que não esquecerá de mencionar nenhum item importante. Vá fazendo acréscimos ao mapa durante a conversa, para que possa usá-lo mais tarde como um "roteiro" de sua discussão.

Como uma lista de coisas a fazer: Grande parte do estresse ao qual somos submetidos no trabalho é resultado da incerteza quanto às coisas mais importantes e, às vezes, do medo de esquecer itens importantes. Desenhe um mapa das coisas que você tem que fazer. Com o mapa à sua frente, você estará pronto para planejar e definir prioridades, sem pressões.

Para estudar: O mapa da mente é uma excelente forma de controlar uma situação de estudo. (Veremos mais sobre este tópico no próximo capítulo.)

Em reuniões: Em reuniões criativas, os processos de pensamento podem ser estimulados "jogando-se uma folha em branco" sobre a mesa e fazendo com que todos contribuam para um mapa da mente em grupo.

O benefício mais importante do mapeamento da mente é que ele estimula o processo de associação. E mais, no mapa da mente existe um lugar para cada pensamento que aparece. O mapeamento da mente é uma forma de separar o processo de pensamento criativo (o próprio mapeamento) do processo de escrita (os originais finais). Normalmente, estes dois processos — a livre associação de pensamentos e as exigências formais da estrutura e da lingüística — interferem constantemente um no outro.

Outro benefício significativo é que é muito mais fácil decifrar um mapa da mente do que as anotações tradicionais. O padrão visual, reforçado por cores, figuras e setas, facilita o retorno de nosso cérebro à situação da mente na qual o mapa foi criado. Anotações lineares raramente oferecem esta oportunidade e, vez por outra, as pessoas têm dificuldade de lembrar o significado de suas anotações. O fato de o mapeamento da mente ser superior às anotações lineares e tradicionais deveria ser irrefutável, mas muitas pessoas argumentam que nem mesmo o mapeamento da mente consegue ajudá-las a fazerem boas anotações durante palestras. Se você for uma destas pessoas, talvez seja melhor ser menos ambicioso e aceitar que suas anotações assemelham-se mais a um conjunto de rabiscos desconectos. Dê-se cinco ou dez minutos *depois* da palestra para "compilar" esses rabiscos, que podem estar distribuídos em várias páginas, em um mapa da mente contendo os itens mais importantes.

Desta forma, o mapeamento da mente poderá ajudá-lo a "reviver" a experiência de aprendizado e aprofundar o que você aprendeu e, assim, permitir que você tire mais vantagem das oportunidades de adquirir um conhecimento permanente.

Por fim: ajudando a desenhar um único mapa da mente, todos os participantes de diversos tipos de reuniões de desenvolvimento podem contribuir para a discussão — e, ao mesmo tempo, criar um documento em conjunto.

A arte de estudar

Certo dia, um colega sentou-se ao meu lado, folheando um livro relativamente volumoso sobre planejamento estratégico que havia sido lançado recentemente. Perguntei-lhe o que procurava. "Só vou saber quando achar", respondeu calmamente. Nossas abordagens a um livro técnico podem ser classificadas em quatro categorias:

1. Sabemos exatamente que informações ou conhecimentos estamos procurando e vamos direto ao ponto. Normalmente, usamos esta abordagem em publicações com instruções para o usuário, manuais e com o catálogo telefônico.
2. Sabemos que o livro contém descrições e explicações de coisas que queremos aprender, por isso usamos o índice para descobrir onde estão, concentrando-nos nas seções que mais nos interessam. Conhecemos as nossas dúvidas e vamos em busca das respostas. ("Que proteínas ajudam no processo de coagulação sangüínea?" "Como se calcula o intervalo médio de manutenção de uma máquina?")
3. Estamos interessados no tema do livro, mas não sabemos direito o que podemos tirar dele especificamente. De qualquer forma, decidimos dar-lhe uma chance e iniciamos sua leitura.
4. Por algum motivo, achamos que as pessoas esperam que leiamos este livro e que talvez tenhamos de acabar provando que o lemos.

Assim, estamos mais interessados em satisfazer as expectativas/demandas do que no livro em si.

Este capítulo é dedicado àqueles que se reconheceram nas categorias 3 ou 4 e que desejam extrair mais dos livros — com menos esforço.

As pessoas que lêem muito e possuem um conhecimento sólido sobre um determinado assunto podem ler vários livros sobre aquele assunto toda semana, sem muito esforço. Desenvolveram gradualmente um processo de aprendizado espontâneo e abordam um livro de forma totalmente diferente das pessoas que não têm essa habilidade. Como fazem isso?

A arte de estudar eficientemente é, por um lado, uma questão de treinamento e, por outro, de técnica. Se isso for importante para você, sugiro que escolha um livro técnico adequado e encare-o da forma descrita a seguir. Uma ou algumas dessas experiências serão suficientes para que você aprenda a técnica; o resto vem com a prática.

Antes, porém, vamos falar um pouco sobre os pré-requisitos, principalmente sobre velhos hábitos que você talvez tenha de mudar.

Toda leitura é um diálogo entre o autor e o leitor. Os romancistas sabem disso e trabalham dessa forma. Por outro lado, a ambição de completude dos autores de livros técnicos tende a isolar o leitor do diálogo. O resultado pode facilmente tornar-se um monólogo, que oferece poucas ou nenhuma oportunidade de reflexão.

Como disse antes, os especialistas tendem a organizar suas apresentações segundo sua forma própria de pensar, não segundo a forma de aprender do leitor. Essa forma de escrever causa problemas para quem tem o hábito de ler um livro técnico como se estivesse lendo um romance (começando do canto superior esquerdo da página 1). Ler um livro dessa forma deixa nas mãos do autor todas as decisões relacionadas ao processo de aprendizado.

Poucos livros técnicos são suficientemente bem escritos para tornar este método de estudo o mais eficaz. Em outras palavras, ler um livro técnico de capa a capa não é uma boa idéia. Nem tampouco necessário, como veremos.

Se tentar ler um livro técnico de capa a capa, você provavelmente ficará atolado em linhas de raciocínio, uma atrás da outra. Se não desistir de tudo de uma vez, você terá de fazer um enorme esforço para ultrapassar os obstáculos. A alternativa será ler de uma forma menos "obediente", pular as partes mais difíceis e seguir adiante, voltando para lê-las mais tarde, depois de ter obtido outras informações nas partes mais fáceis. "Leia um livro técnico como se estivesse montando um quebra-cabeça", diz Tony Buzan no livro *Use your head*. Esta, resumidamente, é a idéia de Buzan (à qual nos referimos anteriormente): quando montamos um quebra-cabeça, não começamos no canto superior esquerdo, tentando depois encaixar cada peça na ordem certa. Ao contrário, montamos primeiro todas as peças das bordas. Em seguida, montamos separadamente as principais gestalts (a torre de um igreja, o pico de uma montanha etc.) e tentamos encaixá-las no todo. Quando as gestalts são grandes e suficientemente numerosas, fica fácil colocar várias delas juntas, formando unidades maiores, até que finalmente possamos ver a figura como um todo (a gestalt total), embora apenas metade das peças esteja no lugar. Se todas as peças restantes forem azuis e formarem o céu da figura, não há motivo para continuar se tudo que desejamos é ver o conteúdo da figura. Na verdade, talvez seja possível parar bem antes.

Da mesma forma, diz Buzan, podemos abordar um livro técnico tendo uma visão geral (as bordas) e depois procurando mensagens de fácil compreensão (gestalts), que podemos então juntar sucessivamente de modo a formar unidades maiores.

Podemos dizer isto de outra forma. Se o autor não tiver conseguido editar pedagogicamente os originais (veja página 160), podemos editar pedagogicamente nossa abordagem ao livro. Obviamente, o processo de aprendizado é que determina como estudar.

Passo a passo: Sugiro que você leia primeiro o texto a seguir e depois, quando estiver pronto para enfrentar seu livro técnico, use a lista de verificação que se segue ao texto (nas páginas 210 a 212).

1. "Desperte seu interesse!" Este conselho não é tão estranho quanto parece. Como meu colega que folheava seu livro técnico para descobrir algo útil, tenha primeiro uma noção geral do livro, tentando despertar seu interesse. Folheie o livro e concentre-se nos títulos e nas figuras. Veja se consegue associar as figuras e suas legendas a fatos relacionados à sua experiência pessoal. Marque (com marcadores de livro etc.) tudo que achar interessante, depois de escrever ao lado uma ou duas palavras-chave (podemos estabelecer uma analogia com o comportamento das pessoas que se aproximam da mesa de um bufê: as mais experientes dão uma volta em torno da mesa com o prato vazio, estimulando o apetite, "provando" mentalmente combinações diferentes).

Em seguida, faça uma pequena pausa, de preferência com um bloco de anotações na mão, e pense em situações nas quais pudesse fazer uso do que quer que pudesse extrair do livro. O que você realmente está fazendo agora é criando sua "introdução" pessoal, procurando a premissa do livro. Suponhamos que o título do livro seja simplesmente "Força dos materiais". Que utilidade haveria em ler o livro de capa a capa (a não ser que você estivesse tentando passar em uma prova?). De qualquer forma, quando começar a folhear o livro, provavelmente encontrará alguma coisa que chame sua atenção, além de ter uma noção geral do que o livro tem a oferecer. É exatamente isso que fazemos quando damos uma primeira volta em uma cidade desconhecida. Ao chegarmos ao centro da cidade, somos bombardeados por impressões e perguntamo-nos inconscientemente: "O que poderemos tirar daqui?" A diferença entre o livro e o centro da cidade é que este último "apresenta a si mesmo", ao passo que, no caso do livro, é preciso folheá-lo para ter uma perspectiva semelhante.

Caso você definitivamente não consiga se interessar (o que é improvável) e, o que é mais importante, não consiga encontrar relação direta com alguma aplicação prática, invente uma! Por exemplo, resolva que "amanhã vou conversar com o pessoal do trabalho sobre os pontos principais deste livro" ou "vou fazer um resumo de duas páginas deste livro para entregar ao meu chefe".

Ao fazê-lo, você está se preparando mentalmente — em seus próprios termos e baseando-se em sua experiência pessoal e na situação que está vivendo. Estabelece-se, então, um diálogo com o autor, embora ele talvez não o tenha convidado. Porém, o mais importante é que você é quem detém o controle.

2. "Procure informações utilizáveis." Em geral, basta ler a introdução e a conclusão de cada capítulo, pois os autores de livros técnicos tendem a começar com "Neste capítulo, pretendo..." e/ou concluir com "Neste capítulo, discuti...".

Se isso não funcionar, comece lendo a última parte de cada capítulo, já que muitos pontos normalmente são resumidos ali. (Você pode até experimentar fazer isso ao ler artigos de jornal, artigos culturais, editoriais etc. Se lhe parecerem interessantes, volte um pouco etc.)

Você deve estar se perguntando se, lendo desta forma, não perderá a seqüência lógica da apresentação, mas este é nosso objetivo aqui: o cérebro não tem problema algum para classificar informações e criar gestalts — independentemente da seqüência em que as informações são apresentadas. Ao contrário, essa forma de buscar informações proporciona mais associações com o que você já sabe e com o que já tem experiência. E isso é exatamente o que você precisa para manter seu processo de aprendizado a toda velocidade.

Enquanto procura, continue a anotar palavras-chave em pequenos pedaços de papel que possa usar como marcadores. Continue também a anotar tudo que considerar interessante (um mapa da mente).

3. "Procure relações que lhe permitam tirar conclusões. Acrescente outras informações, se necessário." Está na hora de fazer outra pausa, uma oportunidade para parar e pensar. A que conclusões você chegou até agora? Qual a diferença entre o que você aprendeu e o que o autor está tentando lhe ensinar?

Talvez você descubra que ainda faltam "partes importantes do quebra-cabeça" mas, se usar seus marcadores, poderá facilmente voltar ao livro e procurá-las. Outra forma de descobrir maiores informações é procurar outras exposições sobre o mesmo assunto. Elas podem oferecer associações que apóiem as conclusões e a compreensão.

4. "Compare suas conclusões com as do autor. Corrija-as, se necessário." Continue neste caminho até achar que entendeu o que o autor está dizendo e, depois, compare suas conclusões com as apresentadas pelo autor. São semelhantes?

Se não forem, observe as diferenças e tente entender os motivos da diferença.

Por exemplo, muitas vezes você pode concordar com o autor "em princípio". Pode até achar que as conclusões do autor são altamente óbvias, e que tudo que conseguiu estudando o livro foi uma lista organizada de tudo que você já "sabia". (Por exemplo: "*A fim de alcançar um nível ótimo de qualidade, é essencial que todas as pessoas envolvidas compreendam que, para nós, tudo que nossos clientes valorizam constituem rigorosas demandas, e que as formas de liderança adotadas pela empresa são projetadas de modo a estimular os funcionários a agir de acordo.*")

Na verdade, essa afirmação não tem significado algum até que você pense sobre as mudanças concretas que seriam necessárias em suas próprias atividades para alcançar este objetivo "óbvio". Não deixe que o raciocínio do autor, altamente geral e um tanto abstrato, tente-o à abstração. Sua contribuição para o diálogo entre você e o autor é sua própria experiência, seu próprio conhecimento e suas próprias necessidades.

5. "Use seus novos conhecimentos em uma situação simulada. Acrescente outros conhecimentos, se necessário." Os atletas de hoje treinam "vendo" o trajeto inteiro, etapa por etapa, de uma corrida ou partida, como se um filme do evento estivesse sendo projetado em suas retinas. Este exercício "programa" seus cérebros para a forma de comportamento desejada. Você pode experimentá-lo a caminho do escritório. Suponhamos que você vai encontrar com alguém e sabe que, antes, terá de pegar uma chave na primeira gaveta da sua mesa de trabalho. Se estiver com medo de esquecer a chave, talvez seja interessante "passar" mentalmente o filme. ("Abro a porta, vou direto à minha sala, abro a gaveta, vejo a chave, pego-a, coloco-a no bolso, aperto-a até senti-la na mão" etc.) Quando você chegar ao escritório, suas associações irão ajudá-lo a lembrar-se do que fez em pensamento — seu cérebro "não ficará satisfeito" até que tenha registrado aquela sensação nas mãos. Esta técnica é chamada de *imaging* e determina, em grande parte, até que ponto o conhecimento recém-adquirido é útil para você.

A idéia é que o conhecimento tem de "estar lá quando você precisar". Digamos que você tenha lido um livro sobre a criação dos filhos que diga:

"*É melhor estimular determinados comportamentos da criança do que dar-lhe instruções sobre como não deve se comportar. Do contrário, a atenção da criança ficará concentrada no comportamento errado, não no comportamento certo. Por exemplo, observamos que as crianças que estão aprendendo a andar de bicicleta tendem a bater em obstáculos porque sua atenção e seu medo estão intensamento concentrados no obstáculo como tal, enquanto os mais experientes concentram-se em evitar o obstáculo. Conseqüentemente, não há conflito entre sua atenção e suas ações.*"

Você acha que isso faz sentido.

No dia seguinte, durante o jantar, seu filho deixa cair comida na mesa e você diz: "*Tente não deixar a comida cair na mesa*".

Se, por ter lido o livro, você tivesse imaginado essa situação na mesa do jantar, e "programado" para se comportar de uma determinada forma naquela situação, suas associações o teriam induzido a dizer: "*Tente manter a comida na colher*".

Os psicólogos distinguem o que chamam de memória semântica da memória episódica. (Os dois tipos são classificados como memória de longo prazo.) A memória episódica pode ser descrita como a memória de eventos, e envolve um grande número de associações: rostos, cheiros, luzes, sons, emoções etc. Na memória semântica (lingüística), a maioria destas associações não existe. Por isso é muito mais fácil lembrar (recriar) eventos do que frases. Daí termos a expressão clássica: "Ouço, mas esqueço; vejo e lembro, faço e entendo". Podemos usar a técnica de *imaging* para encaixar episódios típicos em nossa memória semântica e, assim, torná-los muito mais acessíveis.

(Durante muito tempo, o famoso psicólogo Piaget teve uma lembrança de alguém que tentava raptá-lo quando criança. Só quando já era adulto é que descobriu que sua babá havia inventado a história. Sua imaginação havia criado uma memória episódica totalmente baseada na memória semântica.)

A conclusão que podemos tirar de tudo isso é realmente simples. Talvez tudo que tenhamos a fazer seja pensar, durante cinco minutos, em situações nas quais nossos novos conhecimentos possam ser úteis. Usando nossa imaginação para estimular formas de usar esses conhecimentos, quando nos encontrarmos em situações semelhantes, poderemos criar memórias episódicas facilmente acessáveis. Também depende de como você iniciou sua leitura — se conseguiu se interessar e de sua percepção dos possíveis benefícios.

Quando chegar lá, talvez você descubra que leu apenas um quarto ou um quinto do livro, mas que já absorveu tudo de valor que o livro tinha a oferecer — e de uma forma mais prazerosa e eficaz. Como disse antes, tente seguir esse modelo sistematicamente uma ou algumas vezes. (Veja o resumo a seguir.)

Você ganhará experiências valiosas que lhe permitirão ler qualquer livro técnico de uma forma totalmente diferente do método de leitura de capa a capa que usava antes.

Resumo

1. "Desperte seu interesse!"

— Folheie o livro.

— Preste atenção apenas nos títulos e nas figuras.

— Escreva palavras-chave em pedaços de papel soltos que possa usar como marcadores de livro.

Depois:

— Pense em situações nas quais o assunto discutido no livro lhe possa ser útil.

— Faça anotações.

— Se não conseguir ver uso imediato para o conhecimento, invente um (uma palestra, um resumo de duas páginas, uma carta a um amigo etc.).

2. **“Procure informações utilizáveis.”** Leia a introdução e a conclusão de cada capítulo.

— Se necessário, leia também a última parte de cada capítulo.

— Continue rabiscando palavras-chave nos marcadores e fazendo anotações.

3. **“Procure relações que lhe permitam tirar conclusões. Acrescente outras informações, se necessário.”**

— Procure relações, conclusões, gestalts.

— Procure informações que estejam faltando e acrescente-as, se necessário.

— Escreva suas conclusões num papel.

4. **“Compare suas conclusões com as do autor. Corrija-as, se necessário.”**

— Estude as conclusões do autor e compare-as com as que você tirou.

— Compare as conclusões com sua experiência prática e anote as semelhanças e diferenças.

5. **“Use seus conhecimentos em uma situação simulada. Acrescente outros conhecimentos, se necessário.”**

— Imagine várias situações nas quais possa usar seus conhecimentos. Imagine também quais seriam os resultados.

Quais são os elementos aqui? Estude os títulos, figuras, gráficos — tudo, *exceto* o texto principal.

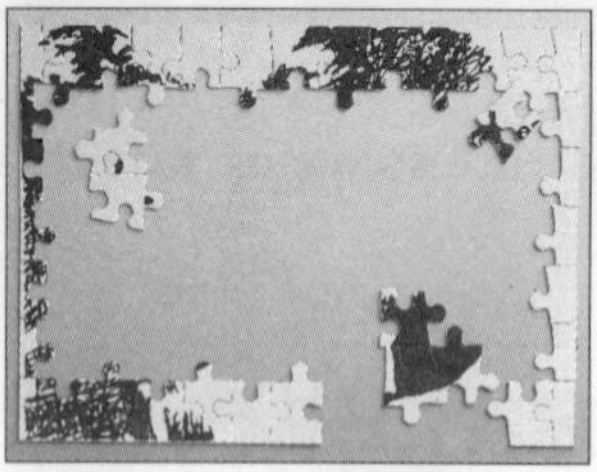

Tente descobrir os "contornos". Leia a introdução e as conclusões de cada capítulo. Marque tudo que achar interessante.

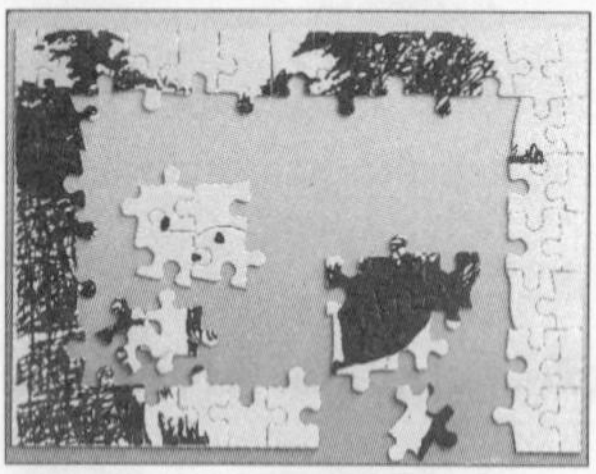

Faça perguntas, busque associações, "todos significativos".

Procure as partes restantes: Quais são suas conclusões? Quais são as conclusões do autor?

Transforme seus conhecimentos em técnicas úteis — "quando", "onde", "como".

Estude exatamente como montaria um quebra-cabeça.

Rotas alternativas

Certa ocasião, fui solicitado a criar um curso sobre racionalização de capital para uma empresa. Depois do trabalho preliminar, percebi que não faria muito sentido oferecer este curso. Descobri que o sistema de informações financeiras da empresa fora desenvolvido de forma tal que recompensava o comportamento errado: por exemplo, a avaliação de desempenho para os gerentes de compra baseava-se em sua capacidade de conseguir os maiores descontos, não no fato de terem conseguido ou não reduzir o capital imobilizado. Portanto, para eles, comprar as maiores quantidades possíveis para obter o desconto máximo era o mais lógico. Nenhum curso sobre racionalização de capital poderia mudar seu comportamento. Sugeri a revisão do sistema de informações (e, portanto, do sistema de recompensa) e percebi ainda, que não era necessário realizar nenhum treinamento, pois os gerentes de compra adaptariam automaticamente seu comportamento ao novo sistema.

Com este breve exemplo, estou tentando chamar a atenção para os "recursos de ensino" disponíveis fora da sala de aula. O fato é que o ambiente que nos cerca diariamente contém muitos destes instrumentos.

Outro exemplo: uma fábrica de alumínio estava tendo problemas de qualidade. A empresa investira muito tempo e esforço em treinamento, mas as melhorias foram apenas marginais. Até que um dia alguém pensou em lavar as clarabóias, que estavam cobertas por anos de poeira. O nível de qualidade disparou imediatamente.

Entre outros exemplos estão a rotatividade de atribuições etc., além de medidas que permitam às pessoas passar mais tempo "treinando" em departamentos que não o seu. Da mesma forma, a participação em diversos tipos de projetos de desenvolvimento pode ser uma alternativa ao treinamento convencional. O mesmo se aplica a mudanças nas formas de cooperação adotadas.

Outra tendência nítida das empresas de hoje: o desenvolvimento de *expertise* tornou-se importante para todos e é parte integrante de nosso trabalho cotidiano. Por isso, o papel do departamento de treinamento também está mudando — está deixando de ser apenas uma "instituição de cursos" da empresa para se tornar um apoio de natureza mais consultiva para os supervisores de linha.

Um dos resultados importantes dessa tendência é que as formas de identificar e expressar as necessidades de treinamento também mudaram — de "uma necessidade de cursos" para "uma necessidade de experiências específicas".

Como veremos, esta nova forma de pensar também levou as pessoas a reconsiderarem sua visão tradicional das atividades de treinamento na empresa.

5.

O valor do conhecimento

O "ônus da prova" para demonstrar os efeitos do treinamento cabe principalmente ao cliente em treinamento ou ao aluno. O valor do conhecimento só pode ser avaliado pela pessoa que o possui.

O ônus da prova

Saber nadar é fundamental para qualquer um que caia de um barco. Como forma de lazer, vale muito menos e, na culinária, não tem absolutamente valor algum.

Por isso, tentar determinar o valor do conhecimento só nos leva a reflexões filosóficas. De qualquer forma, é importante estarmos conscientes do valor de determinado conhecimento quando definimos as necessidades de treinamento e definimos como satisfazê-las. É nesse contexto que o conteúdo da presente parte deve ser encarado.

Obviamente, para uma empresa, o valor do conhecimento está diretamente relacionado aos resultados do trabalho e às atividades comerciais. Em termos contábeis, podemos expressá-lo da seguinte forma: A matéria-prima é comprada por cem dólares. Para transformá-la em um produto, precisamos de mão-de-obra. Se o custo de mão-de-obra for de 200 dólares, o valor do produto (o valor declarado) será 300 dólares. Se o cliente estiver disposto a pagar 350 dólares pelo produto, seu valor será 350 dólares. Podemos chamar este valor de valor para o cliente.

Tudo que uma empresa faz para desenvolver a capacidade de seu pessoal pode ser relacionado a estes dois valores — o valor declarado (custo) e o valor para o cliente (preço). E esses valores refletem os dois objetivos principais da gerência: diminuir os custos e aumentar o preço/valor (através de um melhor serviço, melhor qualidade, melhor capacidade de entrega etc.).

Um dos problemas é que esses dois esforços parecem se contradizer, pois aprendemos a ver os custos como um mal necessário. O clima em uma empresa que se concentra na redução dos custos é completamente diferente do de uma empresa que enfatiza a renovação, o investimento, a melhoria do serviço e da qualidade etc. A primeira atitude predomina em épocas difíceis e é vista como uma tática defensiva, enquanto a segunda, mais comum dos bons tempos, é vista como uma estratégia de ataque.

Estamos familiarizados com tudo isso, assim como a dificuldade de fazer as duas coisas ao mesmo tempo. A atitude em relação aos custos está totalmente definida. Por isso é interessante estudar empresas que conseguiram aumentar o valor de seus produtos junto aos clientes e, ao mesmo tempo, segurar os custos correspondentes no mesmo nível — ou até reduzi-los.

Parece que as pessoas destas empresas aprenderam a encarar os custos de forma diferente. Cada dólar de custo é visto como um recurso para a geração de lucros. Assim, a questão não é mais "como podemos evitar os custos", e sim "onde os custos podem ser mais bem aplicados". Este é o significado construtivo do termo "alocação de recursos" ou "alocação de custos". Encarando os custos dessa forma, o aparente conflito entre "custos menores" e "maior valor para o cliente" desaparece.

E o desafio, a premissa, será definido e não terá contradições reais: "Se aprendermos a usar nossos limitados recursos onde eles possam proporcionar os melhores benefícios, nossa rentabilidade — e nossos recursos — aumentará."

(Isto coincide com a tendência de substituir o termo "consciência de custos" por "noções de negócios". Neste ponto, é interessante observar que, embora muitas empresas apregoem os princípios da economia de mercado e considerem as forças de mercado como o melhor regulador do custo/valor, sua estrutura interna baseia-se nos princípios do planejamento centralizado. Hoje, esta situação está mudando.)

Todas as necessidades que envolvem o treinamento (e outras formas de desenvolvimento da competência) podem, portanto, ser relacionadas à capacidade de usar recursos (capital e *know-how*). E todo treinamento pode ser avaliado com base no valor adicionado que consegue gerar, permitindo que os recursos sejam usados de forma diferente.

Por exemplo: suponhamos que 10% dos clientes visitados por um vendedor façam pedidos. Pergunta: O que pode ser feito para aumentar este percentual? Uma resposta poderia ser: "Visitar um grupo de clientes mais bem selecionado." Isto exigirá que o vendedor conheça melhor os critérios de seleção. Suponhamos também que isso exija uma mudança para um segmento de clientes mais exigente, onde a concorrência seja maior.

Para dar certo, o vendedor terá de aprender mais sobre como pensam estes clientes, e sobre os benefícios proporcionados pelo produto da empresa que os clientes possam considerar importantes em termos de seus processos decisórios.

Digamos que tenhamos estimado que esses esforços possam levar a um aumento de alguns pontos percentuais nas visitas bem-sucedidas. O resultado seria, então, um aumento de 10 a 20% nas vendas e o valor desse aumento pode ser avaliado.

Outro exemplo: em uma determinada empresa, os projetistas desenvolvem um novo produto. Depois, os engenheiros de produção assumem o comando e decidem como o produto deve ser fabricado. Durante esse processo, os engenheiros de produção têm de consultar diversas vezes os projetistas a fim de discutirem mudanças necessárias no projeto para tornar seu processo de produção mais eficiente. Isso não só leva tempo como também resulta em um desperdício de recursos dos dois grupos.

Perguntas: Os projetistas e os engenheiros de produção não poderiam começar a trabalhar juntos em um estágio anterior do projeto?

Qual seria o valor desta mudança, se ela resultasse em uma diminuição do tempo total necessário, do desperdício de recursos e, talvez, na criação de projetos melhores?

Que conhecimento adicional provavelmente seria necessário e suficiente para tornar factível esta mudança no uso de recursos?

Em ambos os casos, é relativamente fácil determinar o valor potencial da mudança. Porém, o que estou dizendo é que o mesmo tipo de raciocínio deveria preceder todos os tipos de treinamento.

Conclusões gerais e radicais do tipo "eles têm de aprender mais sobre finanças" ou "um bom treinamento em avaliação de qualidade não faria mal" não bastam. Precisamos ter uma *idéia* razoavelmente boa dos comportamentos que desejamos mudar, uma *noção* da probabilidade de concretização destas mudanças e uma *estimativa* aproximada de seu valor.

Usei propositadamente as palavras "idéia", "noção" e "estimativa" porque acredito mais em avaliações bem fundamentadas, por mais imprecisas que sejam, do que em malabarismos com números presumivelmente precisos.

Estas coisas são óbvias, mas gasto muito tempo com elas porque aprendi, em diversos anos de experiência, que, na prática, as pessoas parecem ter dificuldade de identificar e valorizar as necessidades de treinamento dessa forma. Os especialistas em treinamento sabem que o problema não está aí. Está, em grande parte, nos clientes do treinamento, ou seja, a gerência, os chefes de departamento e os treinandos em si. Isso não soa tão estranho se lembrarmos dos problemas relacionados à aquisição de *expertise* deixados nas mãos de outras pessoas durante décadas.

Um passo importante na direção certa seria dividir a discussão sobre as necessidades de treinamento em termos do conteúdo do curso e dedicar muito mais energia à identificação das mudanças comportamentais (e, portanto no uso de recursos) que estamos buscando:

"A partir do projeto X, queremos que os projetistas e os engenheiros de produção comecem a trabalhar juntos desde o estágio de desenvolvimento do projeto e assumam conjuntamente a responsabilidade pelo produto acabado."

"Queremos que nosso pessoal de vendas escolha com maior precisão e inteligência os clientes que visita."

Desta forma, o "objetivo da gerência" também pode ser "o objetivo do aluno":

"Quero estudar nossa atual base de clientes a fim de ter uma idéia melhor dos denominadores comuns de nossos clientes — que optam pelos nossos produtos, não pelos de nossos concorrentes."

Idéias tangíveis sobre mudanças desejáveis e concretas nas operações da empresa são a única base razoável para que se definam as necessidades de treinamento e para que se identifiquem formas de satisfazê-las.

Tenho encontrado diversas reações a esta idéia. Algumas pessoas dizem que esta linha de raciocínio é limitada demais, quase cínica. Eu, pessoalmente, acredito que é mais cínico desperdiçar o tempo das pessoas ensinando-lhes coisas que elas não entendem ou para as quais não terão aplicação real.

Porém, ao mesmo tempo, percebo que existem muitos exemplos de bom treinamento que não podem ser facilmente relacionados às mudanças desejadas nas operações da empresa — por exemplo, cursos, seminários e conferências cujos benefícios não são percebidos com antecedência.

Porém, mesmo nestes casos, o *layout* do curso e a participação dos treinandos podem ser aperfeiçoados se todos, juntos ou separados, definirem um objetivo. Pode ser um objetivo tão simples quanto "*ter uma idéia aproximada do que deveríamos fazer para atender melhor às demandas dos clientes/oferecer um melhor serviço aos outros departamentos*" etc.

Encare as coisas da seguinte forma: O "ônus da prova" para demonstrar o valor do treinamento cabe principalmente ao cliente do treinamento ou ao aluno. Isto é tão razoável quanto atribuir o ônus da prova para demonstrar o valor de uma máquina nova ao comprador. Obviamente, o fornecedor deve oferecer um produto que tenha as características desejadas mas, na análise final, quem decide qual o valor do produto é o usuário.

Em outras palavras, o valor do conhecimento só pode ser avaliado pela pessoa que o tem.

Qualidade

Qual a diferença entre um bom curso e um curso fraco? Certa ocasião, ouvi a seguinte conversa:

— O curso foi bom?

— Acho que foi.

— O que você aprendeu?

Depois de uma pausa, a pessoa respondeu:

— Não sei, esqueci!

Esse diálogo revela algumas atitudes interessantes: o aluno "acha" que o curso foi bom e, assim, não consegue se incluir, nem sua própria percepção do curso, na avaliação, embora tenha investido no curso tempo e esforço. "Esqueci" significa simplesmente que ele não encontrou nada que pudesse ser usado na prática; aparentemente, os benefícios foram ínfimos. (Um diálogo semelhante seria aceitável em relação a outro tipo de investimento?)

— *Aquela máquina nova que você comprou é boa?*

— *Acho que sim.*

— *É boa mesmo?*

— *Não sei.*

O desafio consiste em estimular e ajudar os alunos a demandar mais em termos da qualidade geral de seu treinamento. Durante décadas, os gerentes empreenderam enormes esforços com o objetivo de avaliar o valor do treinamento que estava sendo oferecido. Embora a ênfase certamente tenha variado no decorrer dos anos (e com as mudanças nas condições econômicas), os métodos usados têm sido relativamente semelhantes.

Avaliação dos resultados, na forma do conhecimento que os alunos conseguem demonstrar no final do curso. Os critérios são os objetivos de aprendizado estabelecidos e os resultados são avaliados usando-se algum tipo de exame final ou testes de conhecimentos.

Esse método apresenta dois pontos fracos principais: primeiro, parte do princípio de que os objetivos de conhecimento escolhidos são corretos — o que nem sempre é verdade. Segundo, parte do princípio de que existe uma ligação entre a qualidade do conhecimento demonstrado pelos alunos no final do curso e sua capacidade de usar esse conhecimento na prática — o que é menos verdade ainda.

Por exemplo, uma pessoa pode conhecer diferentes modelos de estratégia de negócios, mas isso não diz muito sobre sua capacidade de agir estrategicamente.

Os críticos chamam isto de visão da caixa preta. Esta expressão tem sua origem nas críticas às pesquisas psicológicas e pedagógicas do final da década de 1960. Os críticos salientaram que os pesquisadores viam o cérebro humano como uma caixa preta: coloca-se alguma coisa em uma extremidade e estuda-se o que quer que saia da outra, sem nenhum interesse real pelo que acontece dentro da caixa. Por isso estão sendo realizados esforços no sentido de substituir os testes de conhecimentos por exercícios que envolvam diversos tipos de situações práticas (simulação, dramatização, resolução de problemas), que, por sua vez, correspondem a situações nas quais seu novo conhecimento deve exercer influência. Além disso, utilizam-se cada vez mais exercícios (bem planejados) diretamente relacionados às operações da empresa (freqüentemente sob a forma de projetos).

Como resultado, podemos avaliar não só a quantidade, mas também a qualidade e a utilidade do conhecimento e, ao mesmo tempo, dar uma chance ao aprendizado contínuo (e à internalização). Desta forma, todos os participantes recebem ajuda na avaliação do resultado do treinamento, ou seja, do "verdadeiro" valor (subjetivo) do conhecimento. É exatamente o que acontece em programas como "aprendizado pela ação", "aprendizado experimental" e "aprendizado cooperativo", nos quais as formas de trabalho em si exigem este tipo de avaliação do resultado.

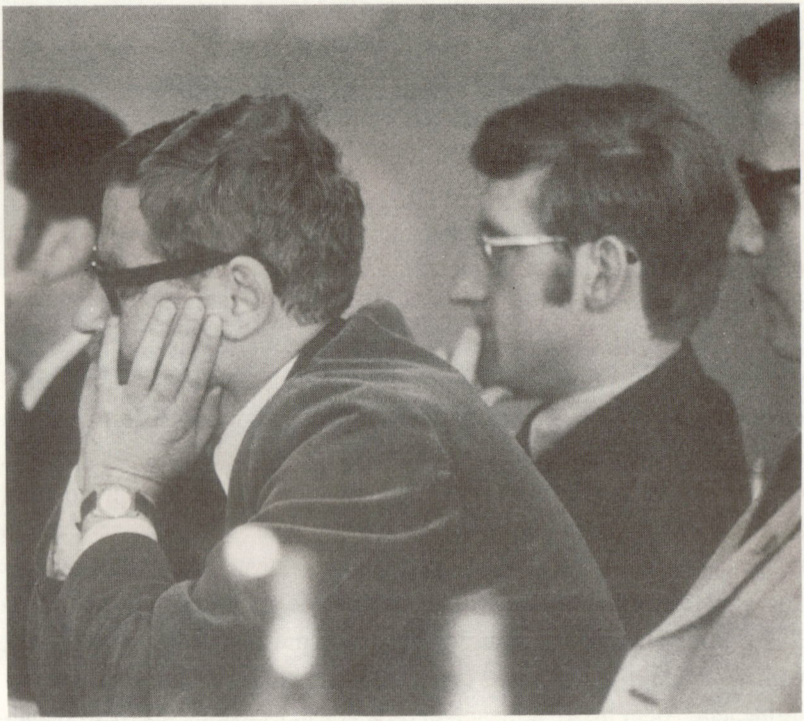

Avaliação da avaliação do treinamento feito pelos alunos. Neste caso, utiliza-se um formulário de avaliação contendo perguntas semelhantes às que encontramos em pesquisas realizadas por companhias aéreas sobre a satisfação dos clientes. A principal pergunta feita por estes formulários é: "Você está satisfeito com o treinamento que oferecemos?" Estas perguntas revelam uma idéia tradicional sobre os papéis do professor/aluno: a idéia de que o professor oferece um treinamento que é absorvido pelos alunos. A responsabilidade pelo valor dos cursos fica inteiramente nas mãos dos instrutores e dos responsáveis pelo planejamento do curso.

Em minha opinião, o ponto fraco deste método é que ele leva facilmente a conclusões equivocadas: o fato de uma peça teatral ter sido habilmente montada não significa necessariamente que ela será um sucesso; o fato de um participante de uma excursão à Europa trancar-se no quarto de hotel e reclamar não significa automaticamente que a excursão tenha sido mal-organizada.

Todos nós já ouvimos gerentes dizerem "damos todo apoio possível aos esforços de treinamento da empresa... O desenvolvimento de *expertise* é um fator vital para o crescimento de nossa empresa... Os funcionários de nossa empresa são nosso recurso mais importante...". Infelizmente, muitas vezes o que acaba acontecendo é que o apoio sobre o qual eles estão falando na verdade é meramente do tipo "vamos deixar acontecer". Isto pode ser observado melhor nos tempos difíceis, quando a área de treinamento normalmente é uma das primeiras a sofrer cortes orçamentários. Nestas situações, as estatísticas sobre o número de participantes satisfeitos com o curso de nada adiantam.

Subjacente a esta atitude existe uma crença de que diversos tipos de treinamento têm pouco efeito a curto prazo. (A mesma tendência pode ser observada em propagandas de empresas: nos bons tempos, seus anúncios concentram-se mais no "longo prazo" — "Tomamos conta de você" — e na missão da empresa, em seus valores e no papel que desempenha na comunidade. Nas épocas difíceis, os anúncios são mais voltados para produtos/venda — "Compre, compre, compre...".

Em suma, as pessoas parecem não acreditar que os efeitos do treinamento possam ser percebidos de imediato — que o treinamento possa ser um método para se alcançar as mudanças desejadas a curto prazo.

Porém, atitudes como estas também estão mudando. Um de seus sinais é que a responsabilidade pelo treinamento está ficando cada vez mais próxima da linha (diretamente sob a responsabilidade do gerente de *marketing*, por exemplo). Além disso, o desenvolvimento de *expertise* (finalmente) está se tornando um assunto para a alta gerência. Em muitos casos, isso pode ser atribuído ao fato de o fator serviço dos produtos que dependem de *know-how* estar aumentando, tornando-se um fator competitivo cada vez mais importante, mas um motivo mais comum é que, à medida que a empresa luta para minimizar sua força de trabalho, torna-se cada vez mais dependente dos funcionários que permanecem empregados.

De qualquer forma, o principal objetivo tem sido **medir os efeitos do treinamento** nas operações da empresa, como discutimos antes. Muita coisa foi escrita sobre a importância disto, mas muito pouco sobre como fazê-lo.

A única coisa razoável a se fazer é começar com o que a pessoa foi contratada para fazer e, em seguida, verificar se o treinamento pode ajudá-la a fazer melhor seu trabalho.

Nas empresas que fazem uma acompanhamento relativamente contínuo do desempenho de seus funcionários, estes registros, obviamente, são o local adequado para descobrir os efeitos gerados por um determinado tipo de treinamento.

O problema é que a maioria das empresas não realiza essas avaliações de forma sistemática e, quando o fazem, os instrumentos utilizados normalmente são inadequados e primitivos. (A enorme variação entre supervisores e funcionários no que se refere ao interesse e à participação nas avaliações de desempenho demonstra a dificuldade deste processo.)

Se o desempenho dos funcionários não for regularmente avaliado segundo algum modelo sistemático, não consigo ver como as mudanças em seu desempenho possam ser avaliadas. Por isso é que acredito que temos de ter, de antemão, uma idéia nítida do feito dos resultados do treinamento sobre as operações de uma empresa e, depois, tentar descobrir se o que achamos que ia acontecer realmente aconteceu.

Não há motivo para tratarmos o treinamento de forma diferente de qualquer outro investimento: observamos uma necessidade concreta, buscamos soluções, comparamos essas soluções em termos da relação benefício (valor) e esforço (tempo e custos) e tomamos uma decisão.

Se o cliente do treinamento (gerente/aluno) não conseguir fazer este julgamento, quem poderá fazê-lo?

O único problema aqui é que os gerentes (e funcionários) não têm conseguido identificar sequer as necessidades de desenvolvimento de *expertise* a longo prazo. Entretanto, até isto está mudando, principalmente por três motivos:

Primeiro: atualmente, as pessoas demandam muito mais quando se trata de seu desenvolvimento pessoal; por isso, são muito mais receptivas às oportunidades oferecidas pelo treinamento e outras formas de desenvolver seu *expertise*.

Segundo: as condições às quais as empresas precisam se adaptar estão mudando cada vez mais rápido, o que significa que os impulsos para estudar a necessidade de maior *expertise* estão surgindo a intervalos cada vez menores.

Terceiro: muito embora as empresas tendam nitidamente a centralizar os processos decisórios sobre as questões que afetam a empresa como um todo, existe ao mesmo tempo uma tendência ainda mais nítida à descentralização da responsabilidade pelas operações cotidianas. Com o aumento dessas responsabilidades, aumenta também a responsabilidade pela garantia de que o *expertise* necessário estará disponível.

Esta tendência levou a uma reestruturação, altamente necessária, dos departamentos de treinamento de muitas empresas. Nas palavras de um gerente do departamento de treinamento: "Finalmente conseguimos clientes que sabiam o que queriam."

Assim como acontece com todos os outros produtos e serviços, o cliente é o árbitro final do valor.

E assim como acontece com todos os outros produtos e serviços, o cliente decide quem oferece o maior valor pelo seu dinheiro.

Em suma: os critérios mais importante para a avaliação da qualidade geral do treinamento são:

1. A utilidade do conhecimento na geração de valor adicionado identificável nas operações da empresa.
2. A magnitude do esforço (desperdício de tempo/produção, dedicação do pessoal, dinheiro) necessário à aquisição deste conhecimento.

3. O tempo decorrido entre o instante em que a necessidade é identificada e o momento em que o conhecimento começa a gerar frutos para a empresa.

Os mesmos critérios podem ser usados para se definir a "especificação das exigências" para um determinado tipo de treinamento e avaliar o treinamento já existente. A existência de uma "solução" específica ajuda o "cliente" a identificar e formular de forma mais precisa seus problemas ou necessidades.

(O mesmo se aplica à compra de um programa de computador: há vinte anos, o usuário tinha que fornecer ao analista de sistemas uma descrição detalhada do que desejava. Hoje, o cliente provavelmente estudará os projetos existentes primeiro, como uma ajuda para a compreensão dos recurso que poderia ou deveria demandar: "*Eu não sabia qual era o meu problema até encontrar uma solução para ele*".)

O primeiro critério **(a utilidade do conhecimento)** exige que tanto o cliente quanto o fornecedor vejam a ligação entre o conhecimento sobre um determinado assunto e uma determinada qualidade, por um lado, e (a probabilidade de) um determinado comportamento desejável, por outro. Por exemplo, a probabilidade de uma pessoa aprender a andar de bicicleta depois de descobrir sozinha como fazê-lo é maior do que se simplesmente aprender a teoria subjacente ao funcionamento de uma bicicleta e os nomes das peças. A possibilidade de os vendedores mudarem suas prioridades será maior se descobrirem que determinados tipos de possíveis clientes são mais propensos a comprar do que outros. Esses mesmos vendedores provavelmente farão um serviço melhor se aprenderem a visualizar o processo decisório de seus clientes e a determinar com antecedência como seus argumentos de vendas serão recebidos por eles. A probabilidade de as pessoas agirem estrategicamente é muito maior se elas puderem testar as conseqüências de diferentes estratégias em uma determinada situação. Portanto, avaliar segundo este critério significa julgar se o conhecimento pretendido (conteúdo e qualidade) aumentará suficientemente a probabilidade de se alcançar o comportamento desejado. Nas palavras de Peter Drucker:

"*Os livros contêm informações, ao passo que o conhecimento é a capacidade de aplicar informações a um trabalho e desempenho especí-*

ficos. E isso só vem com o ser humano, seu cérebro ou a habilidade de suas mãos.”

Para o segundo critério (**magnitude do esforço**), o conceito de produtividade (benefício/valor em relação ao esforço/custos) pode ser usado para comparar as alternativas. Se você quiser ir adiante e estudar o potencial para aumentar o nível de produtividade (maior benefício, menos esforço), é necessário verificar se existem as condições necessárias para o aprendizado.

Refiro-me aqui às condições para o aprendizado que discuti antes. Apresento na última seção um instrumento para esta avaliação. (Obviamente, este critério inclui também uma avaliação dos recursos de pessoal adicionais que se tornam disponíveis como resultado do menor tempo de treinamento necessário.)

Espero que o terceiro critério (**tempo total necessário**) seja auto-explicativo mas, por uma questão de completude, podemos observar que não é difícil calcular o valor, digamos, de se lançar um produto antes e assim alcançar mais rápido a capacidade total de produção em uma nova fábrica.

Além disso, o ritmo acelerado da mudança fez com que fosse necessário (no mínimo) finalizar um esforço antes de iniciar o próximo. O velho modelo de mudança “descongelar, mudar, recongelar” não tem mais a mesma validade de antes. Um modelo mais adequado para as necessidades atuais seria: “descongelar, mudar, mudar, mudar...”.

O tempo total necessário à realização de uma ação também pode ser importante em termos do impacto: se uma mensagem alcança simultaneamente muitas pessoas em uma empresa, em alguns casos o impacto total será muito maior do que se esses esforços ficassem dispersos durante um determinado período de tempo.

Por um lado, as pessoas tendem a ver-se como parte de um esforço conjunto, não como meras engrenagens de uma máquina, e isso, obviamente, tem um bom efeito sobre as atitudes.

Por outro lado, o efeito será maior porque a força será concentrada. (Se 100 pessoas puxarem uma corda ao mesmo tempo, a força será muito maior do que se uma pessoa puxar a corda uma vez por dia durante 100 dias.)

Necessidades

Há alguns anos, recebemos uma comissão de certa empresa de alimentos que estava tendo problemas de qualidade na produção e nos departamentos administrativos. Nossa função era gerar o material de treinamento do tipo usado em círculos de qualidade.

Apresentamos uma solução na qual os supervisores, usando esse material, atuariam como professores de seus subordinados.

(Achamos que esta seria uma boa idéia, pois ensinar deveria ser uma das funções mais importantes de um supervisor. Resolvemos usar este método também para alcançar diversos dos benefícios que discuti anteriormente, na página 112).

Para garantir que os supervisores/professores soubessem exatamente qual seria sua tarefa, nós os convidamos para uma apresentação do material (uma espécie de seminário de treinamento do instrutor) que durou pouco mais de meio dia. Mas não quero falar do seminário em si; o interessante foi o que aconteceu na tarde anterior. Tínhamos nos reunido com o executivo-chefe da empresa para discutir como ele apresentaria o seminário.

Ele achou que isto era relativamente óbvio e sugeriu uma introdução como a que se segue:

"*Antes de começarmos, gostaria de aproveitar a oportunidade para dizer que estas atividades têm meu total apoio. Se tiverem algum problema, não hesitem em entrar em contato com um dos gerentes e veremos o que podemos fazer sobre isso. Para vocês, seus subordinados e para a empresa, é vital que este programa seja um sucesso retumbante.*"

Nós, do grupo de projeto, não concordamos que fosse a mensagem certa, e a introdução ficou sendo mais ou menos a seguinte:

"Pedimos que vocês viessem aqui porque temos de fazer alguma coisa sobre a qualidade. Dentro dos dois próximos meses, quero pelo menos uma centena de propostas de pequenas e grandes melhorias de cada um de vocês. Essas propostas devem se basear nos resultados das discussões que vocês terão com seus subordinados." (Curta pausa retórica.) *"Para facilitar estas discussões, produzimos um material que vocês podem usar, se o considerarem útil."*

Essa última versão assemelha-se muito mais à abertura de uma peça mas, tirando isso, vejo as duas opções como formas diferentes de posicionar o treinamento. A primeira versão fala do **apoio** aos esforços de treinamento, enquanto a segunda indica uma **demanda** de melhorias nas operações da empresa.

Este exemplo também é esclarecedor na medida em que o projeto foi iniciado exatamente devido à necessidade de melhorias nas operações da empresa — não devido à necessidade do treinamento em si. Já vi, muitas vezes, e em diversas situações diferentes, como a necessidade de mudanças e melhorias leva a programas de treinamento relativamente pouco exigentes (e às vezes caros), onde há pouca ligação entre o conteúdo e forma do treinamento e os problemas ou necessidades que o treinamento supostamente deveria originalmente resolver.

Discuti isso antes, mas volto a este ponto porque quero apresentar algumas das perguntas que devem ser feitas quando se estudam as necessidades de treinamento.

Antes, porém, vejamos outros exemplos:

Certa ocasião, fui solicitado a desenvolver um curso sobre racionalização de capital em uma grande fábrica. Foi no final da década de 1970, quando a racionalização de capital estava em voga. ("Há ouro no chão da fábrica", nas palavras de um industrial.) Nas discussões com as pessoas envolvidas — gerentes de nível relativamente alto — perguntei-lhes onde, dentro das operações da empresa, viam os maiores potenciais. Eles não tinham a menor idéia.

O que fazer num caso desses? A única coisa que eu podia fazer era recomendar que eles tentassem antes (com a ajuda de um consultor em, digamos, administração de materiais) ter uma idéia de onde estavam os maiores potenciais e, depois, tentassem definir em quais desses potenciais

PROCESSADOR DE IDÉIAS

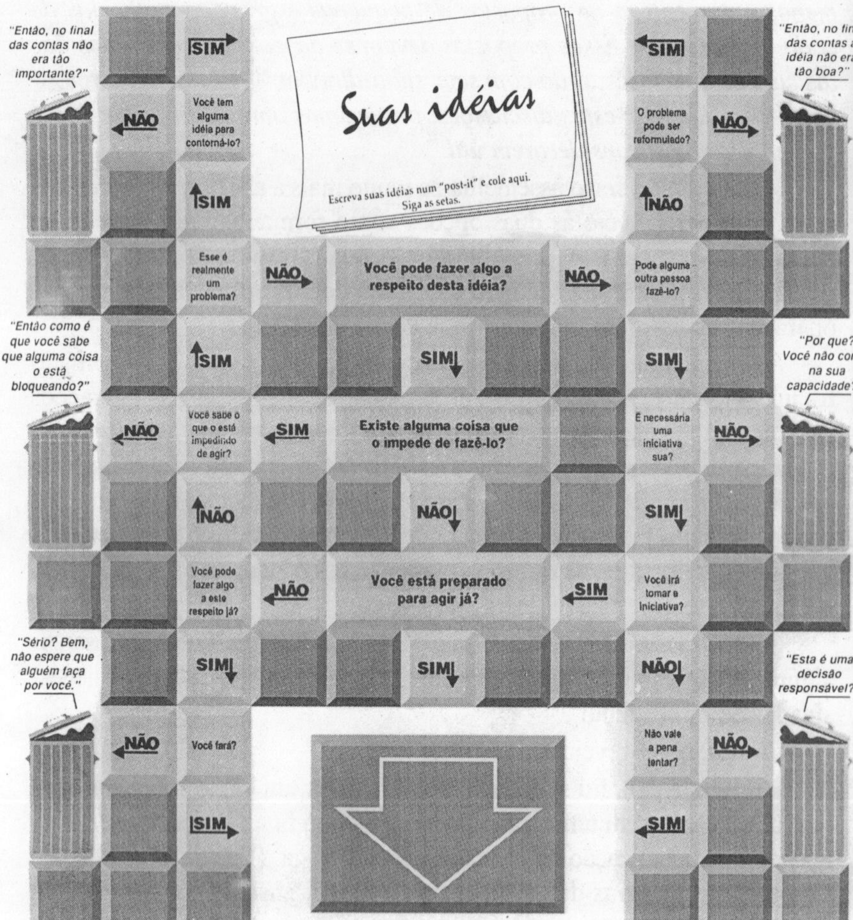

Este "processador de idéias" foi um dos recursos de aprendizado utilizados pelos gerentes da empresa de alimentos. Seu objetivo é garantir a concretização de idéias. Coloca-se uma idéia no quadrado de cima. Depois, o grupo trabalha nas várias perguntas a fim de determinar onde as idéias vão parar: na lata de lixo ou na lista de "coisas a fazer".

valia mais a pena se concentrar; ou seja, uma espécie de análise da "possibilidade de execução". Sugeri também que essa análise deveria incluir pelo menos uma boa idéia quanto aos comportamentos das pessoas envolvidas que afetavam os níveis de capital imobilizado. Só depois poderíamos começar a conversar sobre o treinamento.

Um caso semelhante aconteceu em outra empresa: a responsabilidade pela racionalização de capital estava essencialmente nas mãos dos departamentos financeiro e de planejamento. O pessoal desses departamentos não conseguia descobrir onde estava o problema, simplesmente porque o alto nível de capital imobilizado não se devia principalmente aos problemas do sistema de planejamento ou do sistema financeiro.

O que eles não conseguiam observar era que os chefes de seção tinham o hábito de fazer pedidos de material com pelo menos algumas semanas de antecedência e estocá-lo para ter certeza de que não ficariam sem material.

Só quando entenderam sobre as conseqüências econômicas de seu comportamento é que a importância da diminuição desses "estoques pessoais de reserva" começou a fazer sentido para eles.

Portanto, uma das maiores condições para a identificação das necessidades reais de treinamento é saber quem tem a maior influência sobre o que se deseja mudar. É necessário também ter uma idéia do tipo de modificação comportamental que provavelmente resultará dessa mudança.

Só então poderemos discutir que tipo de conhecimento (conteúdo e qualidade) poderá levar à mudança desejada.

Conselhos e listas de verificação desse tipo podem facilmente tornar-se hierarquias estereotipadas do óbvio, mas só serão úteis se estiverem relacionados a uma necessidade existente.

Eu pediria ao leitor, então, que escolhesse uma área problemática e tentasse ver quais seriam suas respostas às perguntas que se seguem. (Escolhi estes exemplos a fim de ilustrar o processo de raciocínio envolvido.)

1. **Qual é o problema, a necessidade?** (Por exemplo: "incapacidade de cumprir o orçamento".)

2. **Quem são as pessoas envolvidas?** (Por exemplo, gerentes de nível médio, ou até pessoas encarregadas do sistema e da geração de relatórios e, por que não, o pessoal da gerência responsável pela elaboração das diretrizes.)
3. **Que tipo(s) de comportamento precisa(m) ser modificado(s)?** (Por exemplo, atrasos no relato de dados, formas de tirar conclusões a partir dos relatórios etc.)
4. **Que fatores externos controlam ou influenciam este comportamento?** (Por exemplo, o formato do sistema e dos relatórios, incapacidade de enxergar o verdadeiro valor do orçamento etc.)
5. **Que tipo de mudança estamos procurando?** (Trata-se de uma pergunta importante que, como podemos ver nas respostas às perguntas anteriores, não pode ser respondida com generalizações do tipo: "uma melhor disciplina". Ao contrário, temos de verificar qual seria o valor do melhor cumprimento do orçamento. Por exemplo, podemos partir do princípio de que o valor do cumprimento do orçamento pode ser mais bem expresso como "a capacidade de usar nossos recursos de forma produtiva". Podemos estão concentrar-nos nessa afirmação e não no cumprimento do orçamento em si. Assim, vemo-nos repentinamente falando sobre liderança e prioridades; o cumprimento do orçamento é apenas uma ferramenta, não o assunto principal. Provavelmente, a necessidade de mudança tornar-se-á então uma questão de tomar decisões e definir prioridades.
6. **Que tipo de conhecimento, *insight* ou habilidade é necessário para possibilitar esta mudança?** (Pode ser o conhecimento da importância das ações de um determinado departamento para os clientes internos ou externos. Pode ser incluir *insights* sobre a estratégia principal e a estratégia marginal da empresa. Pode ser o conhecimento das características e interesses dos funcionários da empresa. Ou pode ser simplesmente uma questão de entender o que os relatórios revelam sobre o uso de recursos e, acima de tudo, para onde o uso alternativo de recursos levaria.)

Investir tempo e esforço nesta análise pode poupar muito dinheiro. Se aceitarmos rápido demais o primeiro pensamento que nos vier à cabeça ("vamos realizar um curso de dois dias sobre cumprimento do orçamento"), os benefícios provavelmente serão bem escassos.

Com uma análise como a apresentada acima, aumenta consideravelmente a probabilidade de se chegar às conclusões certas: os gerentes do exemplo tirarão muito mais proveito de seu treinamento, pois terão uma chance de aprender a avaliar seus recursos de forma construtiva e a simular formas diferentes de usá-los.

Descobrirão, sozinhos, a necessidade de cumprir o orçamento e, possivelmente, que o atual sistema atende apenas parcialmente às suas necessidades. Como resultado, os responsáveis pelo sistema também terão o que desejam há muito tempo: a participação ativa dos usuários no aperfeiçoamento do sistema.

Obviamente, o mesmo tipo de raciocínio aplica-se também quando participamos de um curso, como alunos, ou quando estudamos sozinhos.

O treinamento freqüentemente tende a ser mais "orientado aos sintomas" do que "orientado às causas". É necessário proceder a uma análise criativa das relações de causa e efeito para ajudá-lo a evitar ensinar (ou ser ensinado sobre) coisas erradas, da forma errada.

Uma boa pergunta a ser feita seria: "Para que *problema* esta poderia ser a solução?"

A próxima pergunta envolve o **comportamento**, ou seja, em que atividade o conhecimento pode ajudar? Nos processos decisórios? Na definição das prioridades? Nas relações com o cliente? E assim por diante.

Depois então temos de considerar que **tipo de mudança** estamos buscando. Se a área principal for, digamos, "prioridades" (nossas próprias prioridades), o tipo de mudança pode ser "concentrar-se nos clientes mais rentáveis", "melhor atribuição de responsabilidades", "capacidade de determinar que fatores serão mais importantes mais adiante no processo" etc.

Usando sua imaginação e pensando nas coisas desta forma, você se "programa" para ser mais receptivo a coisas que possam beneficiá-lo diretamente. Você também terá uma noção inicial da utilidade ou não do investimento de tempo no curso ou no livro.

O fato de muitas pessoas acharem que "não têm tempo para treinamento" é um mau sinal. No mínimo indica que tiveram experiências ruins. Como resultado (e devido aos aumentos nos custos de um modo geral), as empresas tentam reduzir ao mínimo o tempo de treinamento.

A pergunta é: como estes cortes devem ser feitos?

Um contrato pedagógico

Nenhum leitor pode ter deixado de notar que minhas idéias preferidas são: (1) Os alunos são pelo menos tão responsáveis pela forma como o treinamento é realizado quanto o professor. (2) O treinamento proporcionará os resultados desejados apenas se oferecer condições nas quais o processo natural de aprendizado possa funcionar. Para aumentar continuamente a eficiência do treinamento, o "controle de qualidade" do treinamento (avaliação) deve incluir os esforços e a aceitação da responsabilidade tanto por parte do professor quanto dos alunos, e tem de se concentrar em atender às condições para o aprendizado.

Um contrato é um acordo sobre compromissos. Um contrato pedagógico, portanto, é um acordo sobre a divisão da responsabilidade pelo treinamento — e isso exige que todos os envolvidos *interpretem da mesma forma* o que concordaram em fazer!

Proponho a substituição dos formulários de avaliação tradicionais ("*Em sua opinião, como foi a apresentação do material do curso?*") por um contrato pedagógico que ajude a definir as "regras do jogo", e que possa servir de base para uma avaliação contínua do desempenho do instrutor *e* do aluno no cumprimento desses compromissos. Assim, conseguimos um *feedback* contínuo de modo a garantir que os recursos estejam sendo aproveitados da melhor forma possível — que se consiga obter um retorno razoável em relação ao esforço despendido. Nas páginas que se seguem, apresento um exemplo de um contrato desse tipo.

Para ter uma idéia do uso que se pode fazer de um contrato pedagógico, tente responder às perguntas apresentadas nas páginas a seguir, usando como modelo um curso, palestra ou seminário do qual tenha participado recentemente (ou, por que não, um livro que tenha lido).

Em seguida, some seus pontos e registre suas notas no gráfico da página 242. Isto lhe oferecerá uma representação gráfica da sua experiência e do retorno sobre o tempo investido.

As perguntas foram agrupadas em linhas e colunas. Assim, você poderá avaliar até que ponto as diversas condições para o aprendizado foram satisfeitas (as cinco colunas) e até que ponto o curso (instrutores e material) por um lado e os próprios alunos por outro contribuíram para isso.

Se este acordo merece o nome de "contrato", uma avaliação na conclusão não basta. Ao contrário, os critérios de avaliação para a definição da relação professor/aluno e dos compromissos dos participantes ("assinatura do contrato") devem ser apresentados desde o início, na apresentação do *layout* do curso (pré-avaliação). Em momentos apropriados, durante o decorrer do curso, as perguntas (e o gráfico da página 242) podem então oferecer ajuda na determinação do sucesso de todos (avaliação).

Exigir que todo curso oferecido dentro de uma empresa seja avaliado desta forma no final do curso não seria desarrazoado. Se os resultados forem inseridos em um banco de dados, as mudanças na produtividade do programa de treinamento de uma empresa poderão então ser continuamente monitoradas.

Um contrato pedagógico

Este formulário permitirá a realização de uma pré-avaliação (antes) e uma avaliação (depois) da qualidade do curso ou de parte dele, bem como de seus esforços no sentido de alcançar um alto retorno sobre o tempo despendido.

PRÉ-AVALIAÇÃO	AVALIAÇÃO

As perguntas do formulário abordam o treinamento em si e seus próprios esforços.

Pré-avaliação e avaliação: A. Responda às perguntas abaixo escolhendo uma opção e fazendo um círculo em torno do número correspondente.

1. O objetivo do curso ficou claro?	**2. O conteúdo do curso foi acessível?**	**3. O curso despertou seu entusiasmo?**
a. O objetivo do curso ficou claro? (Faça um círculo em torno da resposta escolhida.) 1. Extremamente confuso 2. Relativamente confuso 3. Relativamente claro 4. Extremamente claro	**a.** As aulas e o material do curso foram adequados em termos do objetivo do curso e dos interesses dos participantes? 1. Altamente inadequados 2. Relativam. inadequados 3. Relativamente adequados 4. Altamente adequados	**a.** A experiência geral foi absorvente? 1. Não, nem um pouco 2. Sim, até certo ponto 3. Sim, relativamente 4. Sim, suficientemente
b. Até que ponto sua participação foi impulsionada pela sua necessidade de um determinado conhecimento? 1. Muito pouco 2. Um pouco 3. Até um certo ponto 4. Muito	**b.** Você certificou-se de que conseguiria acompanhar e compreender as informações fornecidas? 1. Não, perdi-me freqüentemente 2. Sim, às vezes 3. Sim, na maior parte do tempo 4. Sim, o tempo todo	**b.** Foi importante participar séria e ativamente? 1. Não 2. Um pouco 3. Relativamente 4. Muito
c. O objetivo do curso coincidiu com suas necessidades e interesses pessoais? 1. Não 2. Um pouco 3. Relativamente 4. Totalmente	**c.** O curso foi interessante? 1. Relativam. desinteressante 2. Não foi desinteressante 3. Relativamente interessante 4. Muito interessante	**c.** Os exercícios e as discussões do curso foram significativos para você? 1. Relativam. insignificantes 2. Um pouco significativos 3. Relativam. significativos 4. Totalmente significativos
☐ Total (a+b+c)	☐ Total (a+b+c)	☐ Total (a+b+c)

O CONTRATO PEDAGÓGICO: (Observe que o que você pretende fazer é garantir boas condições de aprendizado.)

B. Some seus pontos, primeiro na horizontal (a fim de obter os totais separados para as perguntas a, b e c) e depois na vertical. Lance os resultados na página 242.

4. O que você aprendeu?	**5. O que você aprendeu lhe será útil?**	**6. Totais**
a. O curso foi organizado de modo a ajudar as pessoas a entender e tirar suas próprias conclusões? 1. Não 2. Sim, um pouco 3. Sim, muito 4. Sim, totalmente	**a.** O curso foi organizado de modo a ajudá-lo a encontrar formas de aplicar seu novo conhecimento? 1. Não 2. Sim, um pouco 3. Sim, muito 4. Sim, totalmente	**a.** Some seus pontos para as cinco perguntas "a". Faça um círculo em torno do número correspondente (1, 2, 3 ou 4) 1. 5-10 2. 11-14 3. 15-17 4. 18-20
b. Você certificou-se de ter conseguido o que queria em termos de novos conhecimentos? 1. Não, nem um pouco 2. Sim, ocasionalmente 3. Sim, a maior parte do tempo 4. Sim, o tempo todo	**b.** Você conseguiu ter uma visão totalmente nítida da possível aplicação prática de seus novos conhecimentos? 1. Não, não sei 2. Tenho uma vaga idéia 3. Sim, até certo ponto 4. Sim, sei exatamente	**b.** Some seus pontos para as cinco perguntas "b". Faça um círculo em torno do número correspondente (1, 2, 3 ou 4). 1. 5-10 2. 11-14 3. 15-17 4. 18-20
c. O que você aprendeu foi importante para você? 1. Não, nem um pouco 2. Sim, um pouco 3. Sim, bastante 4. Sim, muito	**c.** Você consegue se ver fazendo as coisas de forma diferente como resultado do que aprendeu? 1. Provavelmente não 2. Talvez 3. Sim, provavelmente 4. Sim, com toda certeza	**c.** Some seus pontos para as cinco perguntas "c". Faça um círculo em torno do número correspondente (1, 2, 3 ou 4). 1. 5-10 2. 11-14 3. 15-17 4. 18-20
☐ Total (a+b+c)	☐ Total (a+b+c)	☐ Total (a+b+c)

Lance os pontos obtidos nas páginas anteriores nas seis escalas do gráfico. Trace linhas entre os pontos adjacentes, a fim de obter uma imagem gráfica dos pontos fortes e fracos do curso e da interação dos participantes durante o curso. Interprete os resultados da seguinte forma:

1. O objetivo do curso: Em que **termos** o curso foi apresentado — nos seus ou nos das pessoas que estavam realizando o curso? Um total baixo indica que você estava inseguro quanto ao valor da participação: "Talvez isso valha a pena. Vou esperar e ver o que acontece."
2. O conteúdo do curso: Estas perguntas mostram até que ponto você achou que o treinamento foi um **diálogo** entre você e o instrutor. Um total baixo indica que você foi "submetido ao treinamento", e não participou dele: "Não consegui aprender muito". "Tive problemas de concentração". "Senti-me um cabeça-dura." "O curso foi abstrato e teórico."
3. A experiência geral foi absorvente? Você teve controle sobre seu próprio processo de aprendizado? Um total baixo mostra que você teve muito poucas oportunidades de raciocinar independentemente: "O ritmo foi acelerado demais, não consegui acompanhar." "A maior parte foi encheção de lingüiça". "Ouvi o que eles disseram mas não entendi o que queriam dizer."
4. Quanto você aprendeu? Você viu **algum motivo** para participar? Um total baixo obviamente significa que o treinamento não gerou novos conhecimentos: "Não sei o que aprendi, se é que aprendi alguma coisa." "Nunca vou me lembrar disso." "Muito ensino e pouca coisa absorvida."
5. O que você aprendeu lhe será útil? O **curso aumentou** seu *expertise* ou não? Um total baixo indica que você teve dificuldade de ver qualquer conexão entre o conteúdo do curso e sua situação na vida real: "Muito teórico." "Vou ter de pensar muito nisso até encontrar uma aplicação." "Nunca vou ter motivo algum para tirar o material do curso da estante." "O curso abordou um mundo totalmente diferente do meu." "É interessante, mas não vai ser útil para mim."
6. TOTAIS: Estes totais lhe darão uma vaga idéia do **retorno sobre o tempo investido**. Um total alto reflete um uso eficiente de recursos. Se o total tiver sido baixo, você deve tentar verificar se isto se deveu ao treinamento em si (as perguntas "a" do formulário) ou à qualidade de seus próprios esforços (as perguntas "b"). Preste atenção especial a todos os totais baixos (1 e 2).

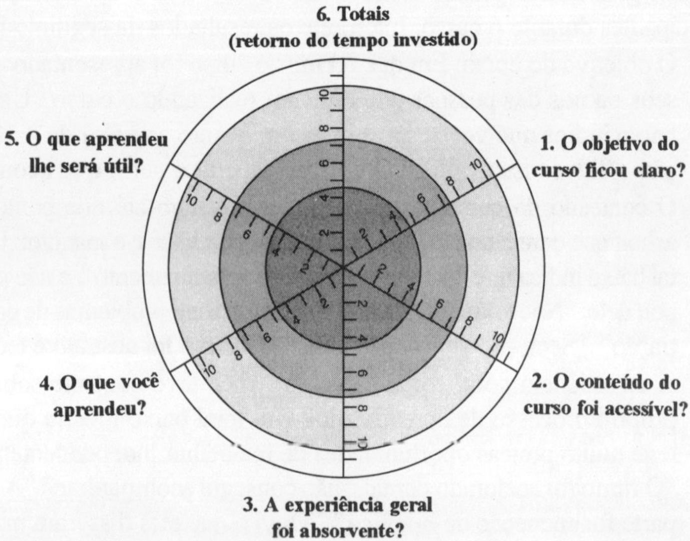

Trace linhas entre os pontos adjacentes a fim de obter uma imagem gráfica dos pontos fortes e fracos do curso e da interação dos participantes durante o curso. Menos de 8 pontos na escala pode ser considerado crítico. O que você poderia/deveria fazer para melhorar o resultado? Abaixo, mostramos um exemplo: linha pontilhada = resultado esperado (pré-avaliação); linha contínua = resultado real (avaliação).

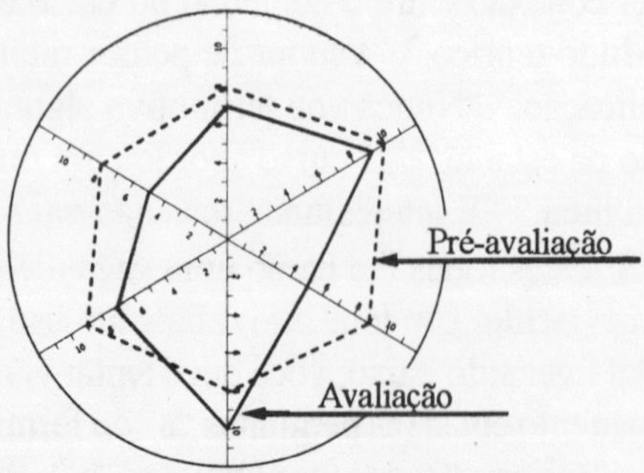

A empresa em aprendizado

Por que algumas empresas e organizações, mesmo as que possuem em seus quadros pessoas experientes, sábias e perspicazes, parecem inertes (impotentes, incapazes de tomar atitudes), enquanto outras parecem ser ágeis (competentes, sagazes)?

Uma explicação comum é que algumas empresas parecem inertes porque seu pessoal tem conhecimentos ou conceitos conflitantes sobre as regras do jogo, sobre o que é importante, sobre os objetivos da empresa. O termo que descreve esta situação é anergia, o que significa que o total é menor do que a soma de suas partes. É o oposto da sinergia, onde o total é maior do que a soma de suas partes.

(Sinergia: 2+2=5; Anergia: 2+2=3)

Uso a expressão "empresa em aprendizado" para ilustrar que existem formas diferentes de organizar e administrar uma empresa e que elas dão origem, em maior ou menor escala, ao aprendizado geral — e, portanto, ao *expertise*, que constitui a capacidade de competir da empresa.

Os termos "empresa em aprendizado" e "organização em aprendizado" não são novos mas tornaram-se mais revelantes como resultado das tendências atuais — como globalização, maior concorrência, novas tecnologias, redução do número de funcionários, produtos e serviços mais complexos (e, portanto, mais dependentes da concorrência), necessidade de realizar mudanças mais rápidas etc.

Como mencionei antes, parto do pressuposto de que as formas tradicionais de organização e administração de um negócio não conseguem estimular o aprendizado (inibindo-o, até); por isso, precisamos encontrar novas formas de encarar a liderança, a distribuição de trabalho e responsabilidades etc. Algumas empresas já deram bons passos nesta direção, enquanto outras continuam entravadas nas velhas rotinas, e outras, ainda, estão envolvidas no doloroso processo de transição do antigo para o novo.

Sendo assim, o que transforma uma empresa em "empresa em aprendizado"? Trata-se principalmente de uma questão de como ela consegue se sair na geração de condições nas quais seus funcionários possam assumir responsabilidades pelo todo — pela própria empresa. Por exemplo, algumas empresas em aprendizado exigem que seus gerentes (gerentes de *marketing*, de produção, de desenvolvimento etc.) visitem freqüentemente seus clientes, que trabalhem juntos para encontrar novas soluções, que — junto com seus subordinados — realizem profundas análises da base de clientes da empresa e das atividades de seus concorrentes, que convidem os clientes para irem até a empresa discutir a realização de possíveis melhorias. Da mesma forma, espera-se que os fornecedores das empresas em aprendizado também ajam dessa forma. (Um objetivo típico é reduzir radicalmente o número de fornecedores principais e desenvolver uma cooperação muito mais íntima com os que restarem.) Uma empresa em aprendizado ajuda seus fornecedores a desenvolver seu *expertise* e a transformar suas empresas, também, em empresas em aprendizado, capazes de assumir a responsabilidade pela qualidade.

Nas empresas em aprendizado, costuma-se expor um "gráfico de resultados" próximo à linha de produção. Inclui tudo, desde os parâmetros de qualidade à comparação das vendas da empresa com as dos concorrentes.

Além disso, as empresas em aprendizado normalmente contratam "observadores", cuja função é ficar em dia com os avanços tecnológicos, descobrir se outras empresas (e não apenas as concorrentes) adotaram soluções mais criativas para, digamos, um problema administrativo.

Os resultados deste trabalho são processados continuamente por várias grupos de desenvolvimento, garantindo que esses avanços sejam usados, o mais breve possível, para o benefício da empresa.

Outra característica de uma empresa em aprendizado é sua maneira de encarar a produtividade. Como disse alguém na conferência sobre produtividade realizada em Roma em 1958: "Produtividade é, acima de tudo, um estado da mente, o desejo de realizar melhorias contínuas sobre o que já se conquistou...". A empresa em aprendizado baseia sua avaliação da produtividade em dados simples, diretamente relacionados à operação em questão.

Portanto, as condições para o sucesso podem ser resumidas da seguinte forma:

Primeiro: Todos precisam ter a mesma visão das atividades e dos objetivos da empresa, bem como da direção das futuras tendências — chamada popularmente de visão, ou seja, uma imagem viva de como serão as coisas. *Não basta* que uma empresa organize suas operações de modo a atribuir a cada indivíduo a responsabilidade apenas pela sua pequena parte no quebra-cabeça. É necessário desenvolver uma visão holística, onde cada indivíduo saiba que papel está desempenhando dentro das operações gerais da empresa.

(Assim como usamos um quebra-cabeça como analogia para as formas tradicionais de organização, podemos usar o holograma como analogia para a nova forma. Os feixes de laser são usados para criar um holograma e o resultado é uma "fotografia" tridimensional, com a profundidade correta. Se separarmos um holograma em pedaços, cada pedaço — diferentemente das partes de um quebra-cabeça — mostrará a figura inteira, mas a perspectiva será diferente e a imagem será menor.)

Segundo: Cada pessoa deve ter acesso contínuo às informações (dados) sobre todos os avanços importantes para o sucesso da empresa. **Não basta** implementar sistemas de informação tradicionais limitados a dados financeiros (históricos). (É muito importante também saber responder à pergunta: "*Os clientes estão satisfeitos com nossa qualidade?*", assim como "*O departamento X analisou o orçamento?*".)

Terceiro: Os funcionários da empresa precisam ter uma chance de aprender uns com os outros e, juntos, tirar conclusões sobre o que precisa ser feito. Não basta que só o chefe saiba o que está acontecendo e decida como os recursos (tempo, dinheiro, conhecimentos) deveriam ser usados.

Está surgindo um novo estilo de gerência (novamente!). Eis uma breve versão da história da gerência. Primeiro, o chefe era o **chefe**(!), que dirigia a empresa dando instruções (gerência por instruções). Depois, o chefe era um **líder** que controlava a operação definindo objetivos (gerência por objetivos). Mais tarde, o chefe deveria ser um **treinador**, que

Uma característica comum a todas as empresas em aprendizado é que elas vêem seus funcionários como... pessoas.

Súplica do funcionário:

1. **Não reprima minha curiosidade natural, desperte-a!** Em outras palavras, não tire o "compasso" das minhas mãos. Dê-me independência; deixe-me participar desde o começo e criar minha própria idéia dos motivos pelos quais eu deveria participar.
2. **Dê-me apenas as informações necessárias, não um monte de informações desnecessárias.** Em outras palavras, respeito seu conhecimento, agradeço por querer compartilhá-lo comigo, mas lembre-se de que o único motivo pelo qual você foi indicado para ser meu supervisor é dar-me informações de que necessito — informações que tenham significado para mim.
3. **Deixe-me pensar por mim mesmo e tirar minhas próprias conclusões.** Em outras palavras, não me abandone, não me negue um caminho pessoal para as minhas conclusões. Refreie seu entusiasmo e sua impaciência. Não acredite que suas conclusões, baseadas em diversos anos de experiência, podem ser minhas só porque você diz que são.
4. **Ajude-me a encontrar um contexto para as coisas que aprendi!** Em outras palavras, quando vir que entendi, que sinto a coisa dentro de mim e digo "Ah, sei!", ajude-me a encontrar palavras e expressões para o que aprendi, para que eu possa transformar meus *insights* em idéias com as quais possa trabalhar.
5. **Ajude-me a usar meu conhecimento, para que ele não se esvaia, tornando-se inútil.** Em outras palavras, dê-me uma chance de testar, expandir e reforçar meus conhecimentos. Mostre-me como usá-los, para que eu possa continuar aprendendo sozinho, com a ajuda de novas experiências.

estimulava, motivava e obtinha a participação de seus funcionários (gerência pela presença).

Hoje, cada vez mais, o chefe deve ser um **professor** (e **aprender junto**) de seus subordinados (gerência pelo aprendizado) e, portanto, compartilhar com eles as responsabilidades pela liderança.

Obviamente, uma característica comum a todas as empresas em aprendizado é que elas vêem seus funcionários como... pessoas.

Outra é que elas encaram seus negócios como um sistema integrado, não como uma cadeia linear de eventos. A visão linear baseia-se na idéia de que os gerentes podem administrar uma empresa fazendo planos e dando instruções, como em uma economia de planejamento central, enquanto os líderes com uma perspectiva sistemática tentam criar condições de "auto-organização", como numa economia de mercado — obviamente dentro dos parâmetros definidos ou padrões relacionados a tempo, qualidade etc. Para garantir o cumprimento desses padrões, é necessário implementar sistemas internos que exijam que todas as atividades sejam acompanhadas de algum tipo de *feedback* dentro de um período extremamente curto — talvez apenas alguns dias.

Não é de surpreender que as condições para o aprendizado pareçam ser idênticas tanto para empresas (e para grupos e equipes) quanto para as pessoas individualmente:

— Acesso a uma **visão geral** significativa (visão).
— Acesso a **informações** relevantes.
— Oportunidade de **processar** as informações, a fim de gerar *insights* individuais (conjuntos), chegar a conclusões e à compreensão.
— Uma visão comum sobre o significado das conseqüências dessas conclusões e desta compreensão para a empresa.
— Planos (e recursos) para transformar as palavras em **ação**.

Portanto, a "súplica do aluno" é a "súplica do funcionário", assim como os princípios do ensino e do aprendizado são os princípios da liderança.

Pelo menos para as pessoas e empresas que entenderam como será a gerência nos anos 90.

E a idéia toda é essa.

A QUARTA ONDA

Os Negócios no Século XXI

Herman Bryant Maynard, Jr. e *Susan E. Mehrtens*

A Quarta Onda prevê um futuro radicalmente diferente em que os princípios dos negócios, a preocupação com o ambiente, a integridade pessoal e os valores espirituais são integrados. Os autores mostram como podemos passar das realidades de hoje para um futuro mais promissor, em que as empresas são:

- exemplos para outras instituições da sociedade;
- cidadãs do mundo, que servem tanto às comunidades locais como à sociedade global;
- defensoras da eqüidade econômica e de uma redefinição de riqueza;
- inovadoras na melhoria da saúde e do bem-estar dos empregados e de suas famílias;
- modelos de sustentabilidade ambiental;
- pioneiras no uso apropriado de tecnologias;
- comprometidas com a aprendizagem permanente;
- lideradas por homens e mulheres plenamente conscientes de sua responsabilidade de realizar o destino da humanidade moderna.

* * *

"Maynard e Mehrtens identificaram uma onda do futuro para empresas que, há uns poucos anos, teria parecido romantismo desvairado, mas que hoje parece inevitável. Trata-se de um livro que faz pensar e que vai contribuir construtivamente para o diálogo sobre o novo papel dos negócios no planeta."

Willis Harman, presidente do Instituto de Ciências Noéticas e autor de *Uma Total Mudança de Mentalidade*, publicado pela Editora Pensamento.

EDITORA CULTRIX

A ESTRATÉGIA DO GOLFINHO:
A Conquista de Vitórias num Mundo Caótico
Dudley Lynch e *Paul L. Kordis*

Eis aqui idéias que... podem levar as pessoas que trabalham em empresas a ter uma vida mais plena de realizações, eliminando os medos e as inibições que caracterizam tão bem a atividade empresarial.

MILTON MOSCOWITZ, autor de
The 100 Best Companies for in America.

Lynch e Kordis, em *A Estratégia do Golfinho,* desenvolveram os conceitos que tenho adotado na minha prática de consultoria, levando-os a um ponto de congruência "quase perfeito".

JAMES L. MURPHY, diretor executivo,
de liderança e desenvolvimento organizacional da
U.S. West, Inc., em Denver.

A Estratégia do Golfinho analisa um novo e engenhoso meio de preparar líderes empresariais para aquele audacioso mas excitante "Novo Dia". Os professores de todas as faculdades de administração de empresas do país precisam prestar atenção neste livro.

DON EDWARD BECK,
National Values Center.

A melhor aplicação de estratégias pós-New Age para administração que já conheci.

WARREN BENNIS, eminente professor de
administração de empresas da University of Southern California.

A Estratégia do Golfinho é um manual prático e orientado para os negócios que ensina como ser pessoal e institucionalmente mais receptivo a este novo mundo que está se formando.

RICHARD LAMM,
Center for Public Policy and Contemporary Issues.

A Estratégia do Golfinho é sabedoria prática posta numa forma simples e divertida. É um livro obrigatório.

WILLIS HARMAN,
presidente do Instituto de Ciências Noéticas e
autor de *Higher Creativity.*

EDITORA CULTRIX

GERENCIAMENTO ECOLÓGICO (*ECOMANAGEMENT*)

Guia do Instituto Elmwood de Auditoria Ecológica e Negócios Sustentáveis

Ernest Callenbach, Fritjof Capra, Lenore Goldman, Rüdiger Lutz e *Sandra Marburg*

Um guia para empresas ecologicamente responsáveis, elaborado por um dos principais centros mundiais de pensadores ecológicos, o Elmwood Institute

Um plano de ação bem-delineado para tornar a empresa ecologicamente mais correta

Os empresários precisam de assistência para reduzir o impacto de suas empresas sobre o ambiente. *Gerenciamento Ecológico* mostra o que se pode fazer e como fazer para conduzir uma eco-auditoria abrangente. Ele mostra como fazer uma revisão meticulosa das operações de uma empresa, da perspectiva da ecologia profunda, diferente do ambientalismo superficial.

Com muita freqüência, as empresas tentam apenas atender aos requisitos legais mínimos, negligenciando a necessidade de avaliar todos os fluxos de entrada e saída – todo o "metabolismo" de suas operações. Tampouco entendem as complexas relações entre suas empresas e as comunidades, humanas e naturais, onde estão inseridas.

Este livro dá orientações conceituais para a análise abrangente dos impactos de uma empresa, além de ser uma ferramenta prática, com grande número de listas de verificação e planos de ação para ajudar a equipe gerencial a identificar as ações necessárias, determinar prioridades, implementar melhorias e vender o programa de redução de impacto à cúpula da empresa.

"Uma reconsideração fundamental da maneira como fazemos negócios e do modo como interagimos com o meio ambiente. Recomendo-o a todos os que estejam interessados numa administração ecologicamente correta."

Paul Hawken, autor de *Growing a Business*

EDITORA CULTRIX

O TRABALHO CRIATIVO

O Papel Construtivo dos Negócios numa Sociedade em Transformação

Willis Harman e *John Hormann*

Quais são os novos meios de se fazer negócios capazes de proporcionar a todos os cidadãos oportunidades para um trabalho significativo e gratificante? E por que só agora essa ação é possível?

Uma profunda transformação no papel do trabalho e dos negócios está em andamento. Sua energia propulsora não brota de uma administração engenhosa, ou de líderes carismáticos, mas é uma irrupção de novas metas e valores mais profundos que inclui uma grande faixa de pessoas. Existem fortes evidências de que a valorização do aprendizado, do ensino e do desenvolvimento humano indica uma sociedade em vias de curar a si mesma.

Os negócios, grandes e pequenos, estão numa posição singular para canalizar essas aspirações em prol de um trabalho significativo voltado para a transformação construtiva do mercado de trabalho. Muitos negócios estão já em bem-sucedido estágio de funcionamento, com base em novas regras recém-elaboradas: sobreviver, prosperar e colaborar.

. . . .

"Uma obra-prima. Harman e Hormann atacam os maiores problemas que atormentam o ser humano atual com uma perspectiva eclética única, compassiva, fruto de uma laboriosa e minuciosa pesquisa. O livro resultante é uma fonte de inestimável valor para todos os que se interessam pelo futuro do trabalho."

— Larry Wilson, fundador e diretor-executivo dos Pecos River Learning Centers, Inc.

"Não conheço outro tema de tanta relevância para a nossa vida na Terra agora do que o modo como fazemos negócios. O comércio pode destruir ou recuperar o planeta. Este livro insuperável sobre o trabalho no futuro é uma crítica extraordinária sobre o tema crucial da nossa década: a responsabilidade social."

— Paul Hawken, empresário, consultor, autor de *The Next Economy*.

"Livro desbravador. Se me fosse perguntado que livro considero essencial para abrir novas perspectivas de vida e fazer uma contribuição significativa, eu indicaria este. Harman e Hormann divulgam uma sabedoria que reúne apenas o melhor da economia, da psicologia dos negócios, da física, da engenharia, da filosofia. Oremos para que algum dia, logo no início do próximo milênio, sejamos capazes de olhar para o passado e dizer que seguimos as diretrizes sugeridas por este livro."

— Michael L. Ray, co-autor de *Creativity in Business*.

EDITORA CULTRIX

O EMPRESÁRIO CRIATIVO

Peter Russell e *Roger Evans*

O ritmo de mudanças sem precedentes que veremos nos anos 90 exige que usemos nossos recursos criativos como nunca antes. *O Empresário Criativo* é uma obra única no que se refere a uma abordagem prática para estimular o pensamento criativo e a solução de problemas, demonstrando o que realmente significa ser criativo diante dos novos e complexos desafios que o mundo empresarial hoje enfrenta.

Baseado numa ampla experiência de consultoria e de treinamento em grandes corporações do mundo inteiro, este livro é um guia indispensável para os empresários e administradores em geral. Contudo, pelo fato de lidar com princípios que são comuns a cada um de nós, torna-se um livro relevante para todas as pessoas.

"Empresários de sucesso serão aqueles com a capacidade de aprender e, também, de usar o pensamento criativo para encarar e solucionar problemas. Achei não só fascinante, como também útil a descrição desse processo em *O Empresário Criativo*."

Sir John Harvey Jones, MBE

"Este é um livro definitivo, e tenho a séria impressão de que as idéias incorporadas aqui serão a influência predominante nos próximos anos. Compartilho inteiramente de suas idéias."

Anita Roddick, *The Body Shop International Plc.*

"Um livro sensacional sobre o desenvolvimento do potencial humano. A verdadeira revolução na era da informação é a habilidade de usar a nossa mente de um modo diversificado. *O Empresário Criativo* será o seu guia."

John Sculley, CEO Apple Computers Inc.

"Eis um livro extraordinário, útil e inspirador, cheio de fé no potencial humano."

Prof. Charles Handy, Visiting Professor
London Business School

EDITORA CULTRIX

CRIANDO ABUNDÂNCIA

Como trazer realização e prosperidade para a sua vida

Andrew Ferguson

Se você quer ganhar um milhão, vá em frente. Este livro lhe dirá o que fazer para que isso aconteça. Mas Andrew Ferguson sugere que estamos em busca de algo muito mais importante do que o dinheiro: a abundância. A abundância é a chave para você se sentir maravilhosamente bem e realizado, independentemente do pouco ou do muito que você possa ter.

Criando Abundância questiona antigos conceitos a respeito do dinheiro e da sua finalidade, e nos ajuda a travar um novo e forte relacionamento com ele na nossa vida. O livro afirma que dinheiro e riqueza não são os principais critérios para a avaliação do sucesso e contesta o domínio que o dinheiro exerce sobre a sociedade ocidental.

Ele traz uma nova abordagem ao tema e sugere planos de ação práticos e gradativos para que você possa mudar imediatamente seus valores, crenças e prioridades, permitindo que a abundância (e o dinheiro que você precisa) passem a fazer parte da sua vida.

Criando Abundância o ajudará a sentir-se bem com relação a si mesmo, ao seu trabalho e à sua atitude diante do dinheiro; mudará o seu modo de pensar e o encorajará na sua jornada rumo à totalidade e ao sucesso pessoal.

* * *

Andrew Ferguson dirige *The Breakthrough Centre* de Londres. O centro é um ponto de reunião das pessoas que estão assumindo o comando da própria vida através do trabalho autônomo e do desenvolvimento pessoal.

EDITORA CULTRIX

O MAGNETISMO DO DINHEIRO

Como atrair o que você necessita, quando necessita

J. Donald Walters (Kriyananda)

Este livro tem como objetivo mudar a sua vida.

Ele contém técnicas e chaves para você atrair o poder e o sucesso que todos desejam obter.

Ele oferece novos e revigorantes conhecimentos sobre modos comprovados de aumentar o seu magnetismo na área das finanças.

É um livro sobre dinheiro, mas é muito mais do que isso. Seu objetivo mais amplo é fazer de você um pólo de atração para tudo de bom que o Universo pode lhe oferecer.

Lendo-o, você aprende, em suma, como atrair o dinheiro e como usá-lo de forma adequada.

* * *

De J. Donald Walters a Editora Pensamento já publicou: *Afirmações para a Cura de Si Mesmo*, *A Essência da Auto-Realização* e *Como Liderar com Sucesso*.

EDITORA PENSAMENTO

Outras obras de interesse:

CRISE COM SABEDORIA
Walter de Sousa

O NOVO PARADIGMA - A Ciência à Procura da Verdadeira Luz
Walter de Sousa

CRIANDO ABUNDÂNCIA
Andrew Ferguson

CRIANDO DINHEIRO E PROSPERIDADE
Sanaya Roman e *Duane Packer*

O DINHEIRO É MEU AMIGO
Phil Laut

O TRABALHO CRIATIVO
Willis Harman e *John Hormann*

UMA TOTAL MUDANÇA DE MENTALIDADE - A Promessa dos Últimos Anos do Século XX
Willis Harman, Ph.D.

PONTO DE RUPTURA E TRANSFORMAÇÃO
George Land e *Beth Jarman*

O EMPRESÁRIO CRIATIVO
Peter Russell e *Roger Evans*

O PARADIGMA HOLOGRÁFICO e Outros Paradoxos
Ken Wilber (org.)

A CONSCIÊNCIA SEM FRONTEIRAS
Ken Wilber

À ESPREITA DO PÊNDULO CÓSMICO
Itzhak Bentov

UM LIVRO CÓSMICO
Itzhak Bentov e *Mirtala*

O CAMINHO DO HERÓI COTIDIANO
Lorna Catford e *Michael Ray*

A QUARTA ONDA
Herman B. Maynard, Jr.
Susan E. Mehrtens

A ESTRATÉGIA DO GOLFINHO
Dudley Lynch e Paul L. Kordis

REVELAÇÃO CÓSMICA - Novos Ensinamentos sobre o Tempo do Despertar
Ann Valentin e *Virginia Essene*